Christa Baumann / Ste

**Und wieder brennt
Das große Mitmach-Buch für Advent und Weihnachten**

Mit 25 einfachen Liedern, Kreativideen, Rezepten, Geschichten
und tollen Winter-Aktionen

Christa Baumann / Stephen Janetzko

DANKSAGUNG

Herzlichen Dank an Elke Bräunling - ihre wunderschönen Geschichten rund um Advent und Weihnachten sind eine echte Bereicherung!
Wir freuen uns, sie verwenden zu dürfen!

Und wieder brennt die Kerze - Das große Mitmach-Buch für Advent und Weihnachten

Mit 25 einfachen Liedern, Kreativideen, Rezepten, Geschichten und tollen Winter-Aktionen

Christa Baumann (Text) und Stephen Janetzko (Lieder)

Christa Baumann / Stephen Janetzko

Copyright © 2014 Verlag Stephen Janetzko, Erlangen
www.kinderliederhits.de
Alle Lieder verlegt bei Edition SEEBÄR-Musik Stephen Janetzko, Erlangen.
Online-Shop im Internet unter **www.kinderlieder-shop.de**
Coverzeichnung: Ines Rarisch - Covergrafik & Notensatz: Stephen Janetzko
Grafische Vorbereitung und Idee: Christa Baumann und Stephen Janetzko
Innen-Illustrationen: Wolfgang Baumann
All rights reserved.

ISBN-10: 3957220688

ISBN-13: 978-3-95722-068-4

Inhaltsverzeichnis

Lied: Tip, tap	Seite 1
Schneeflocken fühlen	Seite 2
Schneeflocken als Fensterdekoration	Seite 2
Schneeflocken schweben	Seite 4
Was kann man aus Schnee bauen?	Seite 4
Theke aus Schnee bauen	Seite 4
Die Theke aus Schnee haltbarer machen	Seite 5
Gute Laune - schlechte Laune	Seite 5
Schnee- Engel	Seite 8
Bleibender Schnee- Engel	Seite 8
Spuren im Schnee erkennen	Seite 9
Schneeballschlacht	Seite 9
Slalomlaufen	Seite 10
Ziel treffen	Seite 10
Lied: Wir warten	Seite 11
Leporello: Von St. Martin bis Weihnachten	Seite 12
Adventsuhr	Seite 12
Adventskerze im Glas	Seite 13
Die Kerze braucht Sauerstoff	Seite 14
Lied: Der Advent ist da	Seite 15
Adventskalender mit Päckchen	Seite 16
Adventskalender verzieren	Seite 18
Ritual: Adventskalender öffnen	Seite 19
Adventskranz binden	Seite 19
Adventskranz aus gesammeltem Holz	Seite 21
Ausgesägte Sterne für den Adventskranz	Seite 21
Orangen für den Adventskranz	Seite 23
Ausgesägte Sterne als Zimmerdekoration	Seite 24
Lied: Und wieder brennt die Kerze	Seite 26
Getauchte Kerzen	Seite 27
Kerzenständer aus Holz	Seite 28
Kerzenflamme genau beobachten und zeichnen	Seite 29
Durch eine Kerzenflamme streichen	Seite 29
Lied: Schnee, Schnee	Seite 30
Schneemann aus Watte kleben	Seite 31
Betupfter Schneemann	Seite 31
Ausgesägter Schneemann	Seite 32
Ein Lied geht um	Seite 32

Schneeflocken-Plätzchen	Seite 34
Lied: Es schneit, ihr Leut`	Seite 35
Schneekugel kleben	Seite 36
Schneeglöckchen falten	Seite 36
Lied: Der Nikolaus und sein Sack	Seite 38
Legenden um den Nikolaus	Seite 39
Die drei Säcke	Seite 39
Hungersnot in Myra	Seite 40
Die drei Töchter	Seite 40
Nikolaussack nähen	Seite 41
Fühlspiel mit dem Nikolaussack	Seite 41
Nikolaus aus einer Holzleiste	Seite 42
Lied: Schaut her, ich bin der Nikolaus	Seite 43
Bedruckte Tüte	Seite 44
Nikolausgeheimnisse im Kreis flüstern	Seite 46
Der kleine und der große Nikolaus	Seite 46
Lied: Wenn wir Weihnachtsplätzchen backen	Seite 49
Rohe Plätzchen	Seite 50
Rohe Kokostaler	Seite 50
Rohe Schokotaler	Seite 50
Butterplätzchen	Seite 51
Schokoladenplätzchen	Seite 51
Plätzchen aus Salzteig für die Puppenküche	Seite 52
Fühlspiel mit den Salzteigplätzchen	Seite 53
Versteckspiel mit Salzteigplätzchen	Seite 53
Geschmackspiel	Seite 54
Duftspiel	Seite 55
Lied: Niko-, Niko-, Nikolaus	Seite 56
Filzstiefel für den Nikolaus nähen	Seite 57
Schablone für den Nikolausstiefel	Seite 58
Nikolauskostüm im Kreis anprobieren	Seite 59
Nikolausfeiern in der Kita	Seite 59
Der Nikolaus besucht die Kinder	Seite 59
Nikolauspunsch aus rotem Tee und Orangensaft	Seite 61
Winterpunsch für Erwachsene	Seite 61
Der Nikolaus besucht Kinder und Großeltern	Seite 62
Gefalteter Nikolaus im Bilderrahmen	Seite 63
Schuhsalat	Seite 64
Wetterregel erforschen	Seite 65
Lied: Nikolaus, Nikolaus, komm zu mir nach Haus	Seite 66
Nikolaus mit gefalteter Mitra	Seite 67
Bild weben	Seite 68

Nikolauskarte spritzen	Seite 69
Weihnachtskarte mit Weihnachtsbaum	Seite 70
Lied: Die Jule spielt ein Weihnachtslied	Seite 71
Jules Flötenspiel als Pantomime	Seite 72
Noten und Notenschlüssel prickeln	Seite 72
Über einen Notenschlüssel gehen	Seite 74
Lied: Weihnachtsmann, du tust mir leid	Seite 75
Lügengeschichte	Seite 76
Nikolaus als Tischdekoration	Seite 77
Scherzfragen	Seite 77
Der Korbwächter	Seite 78
Das Feld frei halten	Seite 79
Lied: Das Lied von den verschwundenen Weihnachtsplätzchen	Seite 80
Bilderbuch von den verschwundenen Plätzchen	Seite 81
Kordel drehen	Seite 81
Spielmaterial herstellen: Wie viel ist hundert?	Seite 82
Spiel: Wie viel ist hundert?	Seite 82
Poster: Hundert Weihnachtsplätzchen	Seite 83
Wunschzettel gestalten	Seite 83
Weihnachtskarten in Reibetechnik	Seite 84
Ein Adventskranz für die Paulsens	Seite 86
Lied: Treppauf, treppab	Seite 88
Weihnachtsbaumanhänger bemalen	Seite 89
Hör-Spiel	Seite 90
Weihnachtskarte kleben und stempeln	Seite 90
Malen nach Musik	Seite 91
Flüstern - Schreien	Seite 92
Lied: Es wird wieder Weihnacht sein	Seite 93
Lied mit Bewegungen singen	Seite 94
Großer Adventskalender mit Toren ans Fenster	Seite 95
Pips, der Weihnachtshase	Seite 97
Lied: Ach, Mutti, wann ist es soweit?	Seite 99
Rollenspiel zum Lied	Seite 100
Das Lied als Klanggeschichte	Seite 100
Glöckchen aus einem Tontöpfchen	Seite 101
Lied: Weihnachtsmorgen	Seite 102
Adventskalender aus Häusern	Seite 103
Ritual: Adventskalender öffnen	Seite 104
Bratäpfel	Seite 105
Lied: Lasst uns auf den Engel hören	Seite 106
Meditatives Malen: Mein Engel	Seite 107
Bemalte Tasse	Seite 108

Engel als Begleiter	Seite 109
Die Engel in der Adventszeit	Seite 109
Großer Transparentengel ans Fenster	Seite 110
Engelsküsse	Seite 110
Engel- Augen	Seite 111
Engelanhänger an den Weihnachtsbaum	Seite 112
Engelszauber im Advent	Seite 112
Lied: Von dem Kind im Stroh	Seite 114
Bühne aufbauen	Seite 115
Hintergrund der Bühne	Seite 115
Lichterkette mit Sternen	Seite 115
Kostüm für Ochs und Esel	Seite 116
Wie sieht eine Krippe aus?	Seite 117
Engelsflügel für das Krippenspiel	Seite 118
Weihnachtsstern für das Krippenspiel	Seite 119
Sterne zum Mitnehmen	Seite 120
Lied: In der Weihnachtsnacht	Seite 121
Schattentheater bauen	Seite 122
Spielfiguren herstellen	Seite 122
Die Weihnachtsgeschichte spielen	Seite 123
Türkranz aus Zapfen zur Begrüßung der Gäste	Seite 124
Lied: Lasst zum Stall uns gehen	Seite 125
Ritual Krippenweg und das Lied	Seite 126
Baumrinde als Kerzenständer	Seite 128
Lied: Kerzen leuchten überall	Seite 129
Kerzen ziehen	Seite 130
Kerzen gießen	Seite 131
Kerzen anzünden	Seite 133
Eine ausgeblasene Kerze anzünden	Seite 133
Lichterfunkeln im Advent	Seite 134
Kerzen ans Fenster	Seite 135
Lied: Singt mit uns	Seite 136
Kostüme für die Hirten	Seite 137
Kordel für den Umhang drehen	Seite 137
Umhang nähen	Seite 138
Kostüm für die Schafe	Seite 138
„Feuer" aufbauen	Seite 139
Lied: Vom Schenken	Seite 140

Für unsere Familien! Für alle großen und kleinen Kinder!

Vorwort

Geht es Ihnen auch so? Sankt Martin ist doch gerade erst vorbei ... und auf einmal steht der Advent vor der Tür. Jetzt muss im Team schnell geplant werden:
Welche Lieder singen wir? Welchen Adventskalender machen wir? Wie soll die Weihnachtsfeier gestaltet werden? Und was schenken die Kinder ihren Eltern?

Jetzt haben Sie alles schnell und kompakt zur Hand:
- Lieder von Advent, Nikolaus, Weihnachten und Winter
- Kreativideen, Geschenke und Weihnachtskarten
- Legenden und Geschichten
- Ideen für Nikolaus- und Weihnachtsfeiern
- Spiele im Zimmer und im Schnee
- Rezepte
- Experimente

Passend zu diesem großen Buch für Kindergarten und Familie ist separat die **CD „Und wieder brennt die Kerze"** von Stephen Janetzko erhältlich (siehe Anhang). Mit vielen unterschiedlichen Aktionen können Sie die Themen der Lieder aufgreifen und vertiefen – die 25 Lieder aus diesem Buch sind komplett auch parallel auf der CD zu finden.

Alle Ideen eignen sich nicht nur für den Kindergarten, sondern auch für Familien! Spiele für mehrere Kinder sind zum Beispiel eine tolle Grundlage für unterhaltsame und spannende Nachmittage im Advent und im Winter.

Der Advent kann also kommen!

Christa Baumann und Stephen Janetzko

Tip, tap
(tiddel diddel dap, ich laufe durch den Schnee)

Text und Musik: Stephen Janetzko; CD "Und wieder brennt die Kerze"
© Edition SEEBÄR-Musik Stephen Janetzko, www.kinderliederhits.de

Tempo: ca. 184

Refrain: Tip, tap, tid-del did-del dap, ich lau-fe durch den Schnee.
Tip, tap, tid-del did-del dap, was ich da al-les seh:

1. Weiß bedeckt ist uns-re Er-de, dass es rich-tig Win-ter wer-de.

Refrain.

2. Kahle Bäume, kahle Äste,
dort im Haus bekommt man Gäste.

Refrain.

3. Lichter an den Tannenbäumen;
Kinder, die von Weihnacht träumen.

Refrain.

4. Dicke Stiefel, Pudelmützen,
Vögel, die gen Süden flitzen.

Refrain.

5. Durch den Schnee, wo Spuren führen,
schauen wir nach ein paar Tieren.

Refrain.

6. Schlittschuhlaufen auf den Seen;
kommst du mit, dann lass uns gehen!

Refrain.

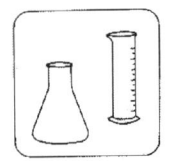

Schneeflocken fühlen

Gerne sehen wir den Schneeflocken zu oder bewegen uns im Schnee. Wer hat schon einmal bewusst erlebt, wie es sich auf der Haut anfühlt, wenn die Schneeflocken darauf fallen?

Material:
- Teppichrest

So geht's:
Die Kinder ziehen die Schneeanzüge an oder nehmen sich eine Teppichfliese oder eine Sitzmatte mit nach draußen. Sie setzen sich in die fallenden Schneeflocken, legen den Kopf in den Nacken und schließen die Augen. Spüren sie auf der Haut, wie die Schneeflocken leise fallen, sich auf die Haut setzen und sofort schmelzen?
Auf dem ausgestreckten Arm setzen sie sich auf den Jackenärmel und können dort genau betrachtet werden. Sie sehen wie kleine Kristalle aus, aber jedes ist anders als die anderen.
Wer seine Augen öffnet und in den Himmel schaut, kann sehen, wie die Flocken langsam von hoch oben nach unten sinken. Welch lange Reise haben sie hinter sich!

Schneeflocken als Fensterdekoration

Viele ausgeschnittene Schneeflocken ergeben eine schöne Dekoration.

Material:
- weißes Papier
- Teller
- Bleistift
- Schere
- angerührter Tapetenkleister

So geht's:
Den Teller auf das Papier legen und mit dem Bleistift umrunden. Den Kreis

ausschneiden. Dreimal zusammen falten. Bis fast zur Mitte einschneiden und seitlich davon kleine Dreiecke heraus schneiden.
Die Schneeflocke auseinander falten. Mit Tapetenkleister ans Fenster kleben.
Zum Abnehmen der Schneeflocken das Fenster mit lauwarmem Wasser abwaschen und das Papier etwas einweichen. Es löst sich auf und kann zusammen mit dem Tapetenkleister sehr gut abgewaschen werden.

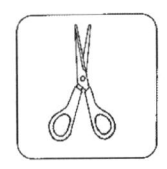

Schneeflocken schweben

Über dem Esstisch können viele Schneeflocken schweben.

Material:
- weißes Papier
- Teller
- Bleistift
- Schere
- trockener Ast, z. B. von einem Korkenzieherhasel
- dünnes Garn
- dünne Nadel

So geht's:
Schneeflocken aus Papier zuschneiden (siehe letzte Seite). Ein Stück Garn abschneiden, durch eine Ecke der Schneeflocke zeihen. Den Faden zusammen knoten und die Schneeflocken am Ast aufhängen.

Was kann man aus Schnee bauen?

Wenn es geschneit hat, möchten die Kinder gleich am Morgen ins Freie gehen und eine Schneeballschlacht veranstalten. Es gibt aber noch viele andere Dinge, die man mit Schnee machen kann.

Theke aus Schnee bauen

So geht's:
Viele Schneebälle lange im frischen Schnee rollen, damit sie schön groß werden. Zu einer kurzen Mauer aufeinander bauen. Die einzelnen Kugeln gut mit Schnee ausfugen

und verstreichen.
Nach dieser Arbeit kann die Theke gleich benutzt werden: ein Tablett mit Bechern und heißem Tee wird auf der Theke abgestellt. Wer mag zugreifen?
Wenn die Theke von oben her durch die Wärme des Tabletts schmilzt, kann sie mit neuen Schneebällen wieder erhöht werden.

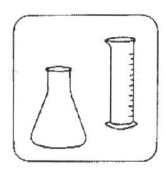

Die Theke aus Schnee haltbarer machen

Es wäre sehr schade, wenn die mühsam gebaute Theke am nächsten Morgen zusammen gestürzt wäre. Gegen Tauwetter kann allerdings niemand etwas ausrichten. Wird aber eine kalte Nacht erwartet, dann können die Kinder ein bisschen mithelfen, ihr Werk haltbarer zu machen.

So geht's:
Zuerst muss dort, wo die Mauer nicht mehr ganz intakt ist, mit Schnee ausgebessert werden. Anschließend kaltes Wasser über die Theke gießen. Es friert und stabilisiert die Mauer.

Tipp

Nur auf den Schnee gießen, nicht auf den Boden! Ansonsten finden die Kinder am nächsten Tag sehr gefährliches Glatteis um ihre Theke vor.

Gute Laune - schlechte Laune

Es hat geschneit, guck mal!", rief Tanja ihrem kleinen Bruder zu. Sie stand am Fenster und schaute in das Schneegestöber hinaus. Finn drehte sich schlaftrunken herum und murmelte:
„Ja. Egal."
„Nicht egal, überhaupt nicht! Schau dir das an!" Tanja schüttelte den Kopf. So etwas hatte sie noch nie gesehen.
„Komm, Schlafmütze, jetzt guck doch mal!" Sie trat vom Fenster zurück und schüttelte Finn, der wieder selig schlief.

„Los, steh auf! Das musst du sehen!"
Finn grunzte und schaute Tanja aus verschlafenen Augen an. „Was soll ich sehen?"
„Los, steh auf! Du wirst staunen!" Tanja lief wieder zum Fenster. „So was hast du echt noch nicht gesehen. Jetzt komm schon!"
Finn war neugierig geworden. Er stöhnte leise. Dann stand er auf. Was meinte Tanja wohl? Es schneite, das hatte er schon begriffen. Aber was sollte daran besonders sein? Er rieb sich die Augen.
„He, es schneit. Und was sonst?"
Tanja schüttelte den Kopf und zeigte in den Garten.
„Sag mal, bist du blind? Siehst du das nicht? Der Weg zum Hasenstall ist total zugeschneit. Wie sollen wir zu Fritzi und Mopsi kommen? Die Hasen haben noch kein Frühstück bekommen. Was ist, wenn wir nie mehr zu ihnen durchkommen? Guck mal, wie viel Schnee auf dem Stall liegt!"
Finn wunderte sich. Den Hasenstall hatte er in der Schneemasse nicht mehr erkennen können. So viel Schnee war noch nie gefallen, das wusste er genau.
„Hm, was machen wir da?", überlegte er leise. „Vielleicht gehen wir einfach durch den Schnee und trampeln ihn fest."
„Ne, niemals!", bedachte Tanja. „Der Schnee reicht uns sicher bis zum Hals. Oder bis über den Kopf. Wie willst du das schaffen?"
„Dann fragen wir Papa." Finn drehte sich um und schlüpfte ins Bett zurück. Damit war die Sache für ihn erledigt.
Nicht so für Tanja. Wie eine Furie kam sie auf Finn zugestürzt, zog ihm die Bettdecke weg und warf sie auf den Boden.
„Du bist herzlos! Unsere armen Hasen! Du lässt sie einfach verhungern! Einen schönen Bruder habe ich da!"
Finn drehte sich energisch zu ihr um.
„Du Nervensäge! Hör mal endlich zu! Ich sagte, dass wir Papa fragen. Der hat immer eine gute Idee. Und jetzt ist gut. Lass mich in Ruhe!" Finn sprang aus dem Bett und suchte seine Kleider zusammen. Tanja stand sprachlos dabei. Ja klar, Finn hatte gesagt, dass sie Papa fragen sollten. Das hatte sie wohl nicht richtig gehört.
„Ok, ich gehe ihn fragen", murmelte sie kleinlaut und verschwand im Treppenhaus. Finn schüttelte nur den Kopf. Genau so kannte er seine Schwester. Immer aufbrausend und überdreht.
Aber Papa und Mama waren nicht zu finden. So laut Tanja auch rief, sie bekam keine Antwort.
„Das gibt es doch nicht! Sie müssen doch da sein! Das habe ich noch nie erlebt!", schimpfte Tanja vor sich hin und rief in jedes Zimmer des Hauses nach den Eltern. Zuerst war ihr Rufen ärgerlich, aber mit jedem „Mama, Papa!" hörte es sich ängstlicher und verzagter an. Wo steckten die Beiden bloß? Im Haus waren sie auf jeden Fall nicht. Ob sie einfach weg gefahren waren und die Kinder alleine gelassen hatten? Nein, das konnte sie sich nicht vorstellen. Tanja stand zornig im Flur, als Finn langsam die Treppe herunter kam.

„Was schreist du jetzt wieder rum? Du bist echt unmöglich!", schimpfte Finn.
„Du bist gut! Mama und Papa sind weg! Und da soll ich nicht rufen? Ich schimpfe gar nicht, du Blödmann!"
„Selber!", entgegnete Finn und ging an Tanja vorbei zur Haustür. Er öffnete sie und ging vor das Haus. Fast wäre er auf die Schneeschippe getreten, die Papa gerade vor der Haustür über den Boden schob.
„Hoppla, eine Ladung Finn auf der Schneeschippe?", lachte Papa und stellte die Schaufel auf den Boden. „Na, ausgeschlafen?" Er zog sich die dicken Handschuhe aus und packte Finn, warf ihn in die Luft und setzte ihn wieder ab. „Guck mal, wie toll es heute Nacht geschneit hat. Mama und ich, wir räumen schon die längste Zeit den Schnee weg. Zieh mal Schuhe und die Jacke an und lauf zur Küchentür hinaus. Mama macht den Weg zu den Hasen frei." Papa wollte eben seine Arbeit aufnehmen, als Tanja in der Tür erschien. Mit bösem Gesicht schaute sie nach draußen.
„Hey, kleine Madame, guten Morgen! Was sind wir heute wieder schlecht gelaunt?", witzelte Papa und schnappte Tanja, damit er sie kräftig in die Luft werfen konnte. Tanja zappelte und ließ sich schnell auf den Boden absetzen.
„Du bist gemein!", schimpfte sie. „Erst verschwindest du und Mama einfach und dann soll ich schlechte Laune haben!"
„Wir sind doch nicht verschwunden. Wie kommst du darauf? Hast du uns etwa gesucht? Dann verstehe ich, dass du böse schaust. Wir dachten, ihr hört das Gekratze vom Schneeschieber und denkt, dass wir draußen sind. Das tut mir jetzt aber leid." Papa nahm Tanja in den Arm. Sie schmiegte sich an ihn, riss sich aber schnell los und rief: „Ich muss zu den Hasen, die haben bestimmt Hunger!" Papa sah ihr nach, wie sie zur Haustür hinein stürmte. Jetzt war er an der Reihe, den Kopf zu schütteln. Dass Tanja nicht auf die Idee gekommen war, draußen nach den Eltern zu schauen?
Finn fütterte bereits die beiden Hasen, als Tanja Schuhe und Jacke angezogen hatte und in den Garten geflitzt kam.
„Guten Morgen, Tanja", begrüßte Mama das Mädchen. „Was sagst du zu dieser großen Menge Schnee?"
„So viel Schnee habe ich noch nie gesehen! Ich hatte Angst, dass Fritzi und Mopsi verhungern müssen, weil wir nicht durch den Schnee kommen. Der geht mir echt bis zum Bauch."
„Du siehst, ich habe es schon geschafft. Von eurem Fenster aus sah der Schnee viel höher aus, als er tatsächlich ist. Aber kommt, wir wollen frühstücken." Tanja ließ sich das nicht zweimal sagen und rannte los, während Mama die Schneeschippe auf die Schulter nahm. Finn streichelte noch einmal die beiden Hasen, schloss die Tür des Stalls und trabte den beiden hinterher.
„Frühstück ist fertig", rief Papa den dreien entgegen. „Heißer Tee und Kaffee, wer will Kaffee, wer will Tee?"
„Pfui, Kaffee, nein danke!", lachte Tanja und auch Finn schüttelte den Kopf. Sollten die Erwachsenen das ruhig trinken. Er liebte seinen Pfefferminztee. Und auch Tanja genoss ihren heißen Tee.

„Wie gut, dass wir im Herbst so viele Pfefferminzstängel getrocknet haben. Wenn es kalt ist, dann schmeckt der Tee noch viel besser." Tanja legte ihre Hände um den Teebecher und sah richtig zufrieden aus.

Schnee- Engel

Wer kennt ihn nicht: den Schnee- Engel?

So geht's:
Auf dem Rücken im unberührten Schnee liegend die ausgebreiteten Arme nach oben und unten bewegen. Vorsichtig aufstehen.
Jetzt sieht man die Umrisse eines Engels mit Flügeln im Schnee.

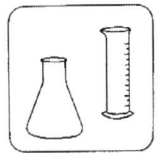

Bleibender Schnee- Engel

Wenn es wärmer wird, dann schmilzt der Schnee und mit ihm der Engel. Das ist immer sehr schade. Wie könnte man ihn ein bisschen haltbarer machen?

Material:
- Tannenzapfen
- kleine Steine
- Sägemehl

So geht's:
Die Umrisse des Engels mit einem festen Material belegen oder bestreuen.
Was könnte man anstelle von kleinen Steinen und Sägemehl verwenden?

Spuren im Schnee erkennen

Wer ging über den frischen Schnee?

So geht's:
Die Kinder stehen in einer Reihe vor einem frischen Schneefeld.
Ein Kind steht neben der Reihe mit dem Rücken zum Schnee. Es darf sich erst umdrehen, wenn es dazu aufgefordert wird.
Der Erwachsene bestimmt zwei Kinder, die nebeneinander über den Schnee und wieder zurück kommen. Diese stellen sich wieder in die Reihe.
Kann das Kind erraten, wer unterwegs war?
Eine Hilfe: die Schuhe der Kinder haben vielleicht am Rand etwas frischen Schnee.
Das Kind bestimmt, wer jetzt an die Reihe kommt und raten darf.
Nach wenigen Durchgängen ist es den Kindern kaum mehr möglich, etwas zu erkennen.
Jetzt können Gegenstände ins Spiel gebracht werden, die gerollt oder gefahren werden.
So können die Spuren von Roller, Skateboard, Puppenwagen oder Tennisball erraten werden.

Schneeballschlacht

Sicher beginnen die Kinder eine Schneeballschlacht ohne das Zutun der Erwachsenen! Ideal ist es, rechtzeitig eine Fläche als Schneeballfeld auszuweisen.

Material:
- rot-weißes Absperrband
- Schere

So geht's:
Ein Stück vom Außenspielbereich mit Bändern absperren: um Pfosten, Bäume oder Sträucher wickeln.

Spielweise:
Wer mitmachen will, tritt in das Feld hinein.
Wichtigste Regel beim Schneeballwerfen: nicht auf den Kopf zielen!

Slalomlaufen

Auch ohne Skier und Stöcke kann man Slalom laufen.

Material:
- Schneebälle

So geht's:
Mit kleinen Schrittchen eine Slalombahn in den frischen Schnee formen. Sie soll viele Kurven haben.
Die Kinder versuchen nun nacheinander, diese Strecke zu überwinden, indem sie einen Schneeball auf dem Handrücken balancieren.
Wer schafft die ganze Strecke, ohne dass der Schneeball herunter fällt?

Variante:
In einem weiteren Durchgang wird die Zeit gestoppt. Wer war am schnellsten? Wer seinen Schneeball unterwegs verliert, scheidet aus.

Ziel treffen

Material:
- Sandeimer
- Schneebälle

So geht's:
Jedes Kind hat 3 Schneebälle.
Alle stellen sich im Kreis um einen Sandeimer. Nacheinander versucht jeder, einen Schneeball hinein zu werfen. Wer hat nach drei Durchgängen die meisten Schneebälle in den Eimer getroffen?

Variante:
Die Kinder stellen sich hintereinander mit etwas Abstand vor einen kräftigen Baum. Nacheinander versuchen alle, den Stamm zu treffen.
Schwieriger wird es, schmale Gegenstände zu treffen, z.B. die Stütze der Schaukel.

Wir warten und warten

Text: Rolf Krenzer; Musik: Stephen Janetzko; CD "Und wieder brennt die Kerze"
© Edition SEEBÄR-Musik Stephen Janetzko, www.kinderliederhits.de

Tempo: ca. 180

Refrain: Wir warten und warten und wünschen uns so sehr, dass es jetzt endlich Weihnachten, ja, Weihnachten schon wär. Weihnachten schon wär.

1. Zuerst hab ich gewartet, dass bald Sankt Martin wär. Ich bastelte Laternen, denn Laternen mag ich sehr. Wir zogen hinter Martin her und sangen allerlei. Doch als es grad am schönsten war, war alles schon vorbei.

Refrain: Wir warten und warten...

2. Wie habe ich gewartet dann auf den Nikolaus,
doch plötzlich hört´ ich seinen Schritt direkt vor unserm Haus.
Er kam zu mir! Wie war ich froh, als ich ihn endlich sah.
Doch als es grad am schönsten war, war er schon nicht mehr da.

Refrain: Wir warten und warten...

3. Dann probten wir zusammen ein neues Krippenspiel.
Wir gaben uns die größte Müh und sangen schön und viel.
Wir spielten unser Krippenspiel vor ganz viel Publikum,
doch als es grad am schönsten war, da war es schon herum.

Refrain: Wir warten und warten...

4. Wir können`s kaum erwarten, dass Weihnachten beginnt.
Es warten große Leute und es wartet jedes Kind.
Kann endlich ich den Weihnachtsbaum mit seinen Lichtern sehn,
dann wünscht´ ich mir, die Zeit blieb stehn und würd nie weitergehn.

Refrain: Wir warten und warten...

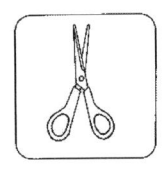

Leporello: Von St. Martin bis Weihnachten

Es ist für Kinder fast unmöglich, eine Zeitspanne von mehreren Wochen zu überblicken. Ein Leporello hilft dabei.

Material:
- Tonpapier DIN A4 in hellen Farbtönen
- Farbe nach Wahl, für größere Kinder Filzstifte
- Laminiergerät und – Folie
- breites durchsichtiges Klebeband
- bunte große Büroklammer oder bunter Pfeil zum Aufkleben

So geht's:
Eine Gruppe von Kindern findet sich zusammen.
Nach einem Gespräch über den Zeitraum von St. Martin bis Weihnachten (eventuell anhand von Bilderbüchern) entscheiden die Kinder, welches Fest jedes von ihnen malen möchte. Es können auch mehrere Bilder zu einem Fest entstehen. Eines malt zum Beispiel das Pferd, St. Martin und den Bettler, das andere verschiedene Laternen…
Wichtig ist, dass alle Kinder ihr Bild im Hochformat malen, damit es gut zusammen geklebt werden kann.
Den Namen des jeweiligen Kindes auf die Rückseite schreiben.
Die einzelnen Blätter laminieren. Der Reihenfolge nach ein Blatt nach dem andern mit breitem Klebeband verbinden und zu einem Leporello zusammen falten.
Sicher wollen die Kinder ihr Werk oft anschauen!
Zum Sichtbarmachen des nächsten Festes kann oben eine bunte Büroklammer angesteckt oder ein bunter Pfeil aufgeklebt werden.

Adventsuhr

Bei einem Adventskalender sehen die Kinder, wie die Geschenke abnehmen und die Zeit bis Weihnachten immer kürzer wird. Bei der Adventsuhr sehen sie das Vorrücken des Zeigers bis nach oben.

Material:
- Tonkarton
- großer Teller
- Bleistift
- Schere
- Filzstifte
- Tonpapierrest
- spitze Schere
- Musterklammer

So geht's:
Den großen Teller auf den Tonkarton legen, mit dem Bleistift umrunden und ausschneiden.
Ringsum Zahlen von 1 – 24 an den Rand schreiben.
Aus dem Tonpapier einen Zeiger ausschneiden. Durch das Ende des Zeigers und die Mitte der Uhr mit der spitzen Schere ein Loch einstechen. Die Musterklammer durch das Loch im Zeiger und durch die Mitte der Uhr stecken und auf der Rückseite auseinander biegen.
Oben ein Loch einstanzen und die Uhr aufhängen.

Spielweise:
Integrieren Sie die Adventsuhr in Ihre täglichen Rituale im Advent: der Zeiger der Uhr rückt jeden Morgen zum passenden Tag vor. Nach dem Wochenende ist das ein großes Stück!
Wer die Adventsuhr nur einmalig benutzen möchte, kann die Zahlen der Tage, die auf das Wochenende fallen, in anderen Farben schreiben. Damit sehen die Kinder, an welchen Tagen sie nicht in die Einrichtung kommen und wie der Zeiger der Uhr nach dem Wochenende ein gutes Stück vorrückt.

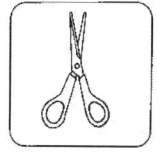

Adventskerze im Glas

Das Näherrücken von Weihnachten können Kinder auch anhand einer Kerze sehen, die immer kleiner wird. Sie steht in einem Glas, möglichst außer Reichweiter der Kinder, aber gut sichtbar.

Material:
- hohes schlankes Glas
- schlanke Kerze in hellem Farbton
- Kerzenpen

So geht's:
Die Kerze in 24 gleichmäßige Abschnitte unterteilen und mit dem Pen jeweils einen Strich malen. Die jeweilige Zahl abwechselnd rechts und links dazu schreiben.
Die Kerze brennt jeweils so lange, bis der nächste Strich und die nächste Zahl erreicht sind. Die Kinder werden sicher aufpassen, dass sie nicht zu lange brennt!

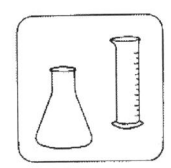

Die Kerze braucht Sauerstoff

Kinder lieben Kerzen. Die züngelnde Flamme, das Gefährliche einer Kerze und das Wissen, nie alleine eine Kerze anzünden zu dürfen, macht sie umso interessanter. In der Einrichtung werden die Kinder unter Aufsicht üben, eine Kerze anzuzünden. Alle Versuche mit Kerzen sind spannend!

Material:
- Teelichter
- Streichhölzer oder Feuerzeug
- verschieden große Gläser

Die Teelichter anzünden. Über jedes eines der verschieden großen Gläser stülpen. Was passiert?
Wenn der Sauerstoff unter dem Glas verbraucht ist, geht die Flamme aus. Größere Gläsern haben mehr Sauerstoff, deshalb brennen die Kerzen dort länger.

Der Advent ist da!

Text: Rolf Krenzer; Musik: Stephen Janetzko; CD "Und wieder brennt die Kerze"
© Edition SEEBÄR-Musik Stephen Janetzko, www.kinderliederhits.de

Tempo: ca. 168

Wenn wir heim-lich Päck-chen pa-cken, a-bends ger-ne Nüs-se kna-cken,
wenn zu Haus beim Plätz-chen-ba-cken al-le Leu-te mit an-pa-cken,

wenn wir flüs-tern, lei-se tu-scheln, eng uns an-ei-nan-der ku-scheln,
und wenn wir im Kin-der-gar-ten auf den Ni-ko-laus dann war-ten,

wenn vor un-sern Fen-ster-schei-ben er-ste wei-ße Flo-cken trei-ben,
wenn wir bas-teln, häm-mern, schnei-den, und die Luft voll Heim-lich-kei-ten,

wenn wir Weih-nachts-post fran-kie-ren und dann Brat-äp-fel pro-bie-ren,
wenn wir dann zum Christ-markt lau-fen, um den Weih-nachts-baum zu kau-fen,

sin-gen wir dann im-mer wie-der all die schö-nen Weih-nachts-lie-der...,

dann weiß je-der gleich Be-scheid: Der Ad-vent ist da und die schön-ste Zeit!

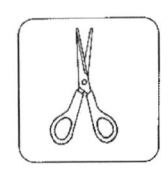

Adventskalender mit Päckchen

Das Öffnen des Adventskalenders ist eines der wichtigsten Rituale im Advent. Und natürlich können die Kinder mithelfen, ihn zu basteln.
Am 1. Dezember hängen dann die Päckchen plötzlich gefüllt im Zimmer. Wer mag das gewesen sein?

Material :
- Tonpapier oder Tonkarton in verschiedenen Farben
- Bleistift
- Schere
- Alleskleber

So geht's:
Für die 24 kleinen Schachteln je ein Unterteil und einen Deckel aufzeichnen und ausschneiden. Die Größe richtet sich nach dem Gegenstand, der darin versteckt werden soll.
Ein Quadrat als Unterteil aufzeichnen und ausschneiden, den Deckel etwa ½ cm breiter und länger. So kann das Oberteil als Deckel aufgesetzt werden.

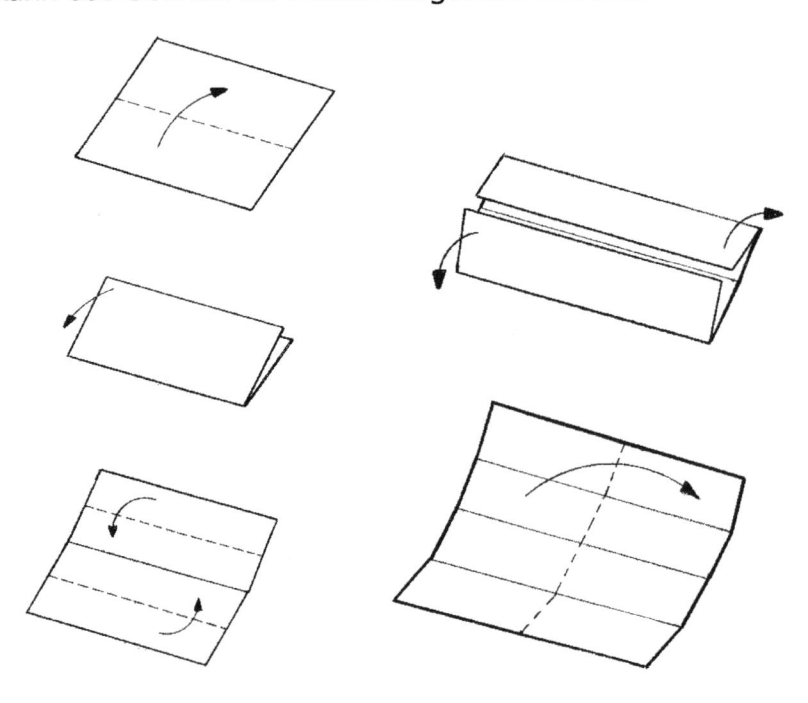

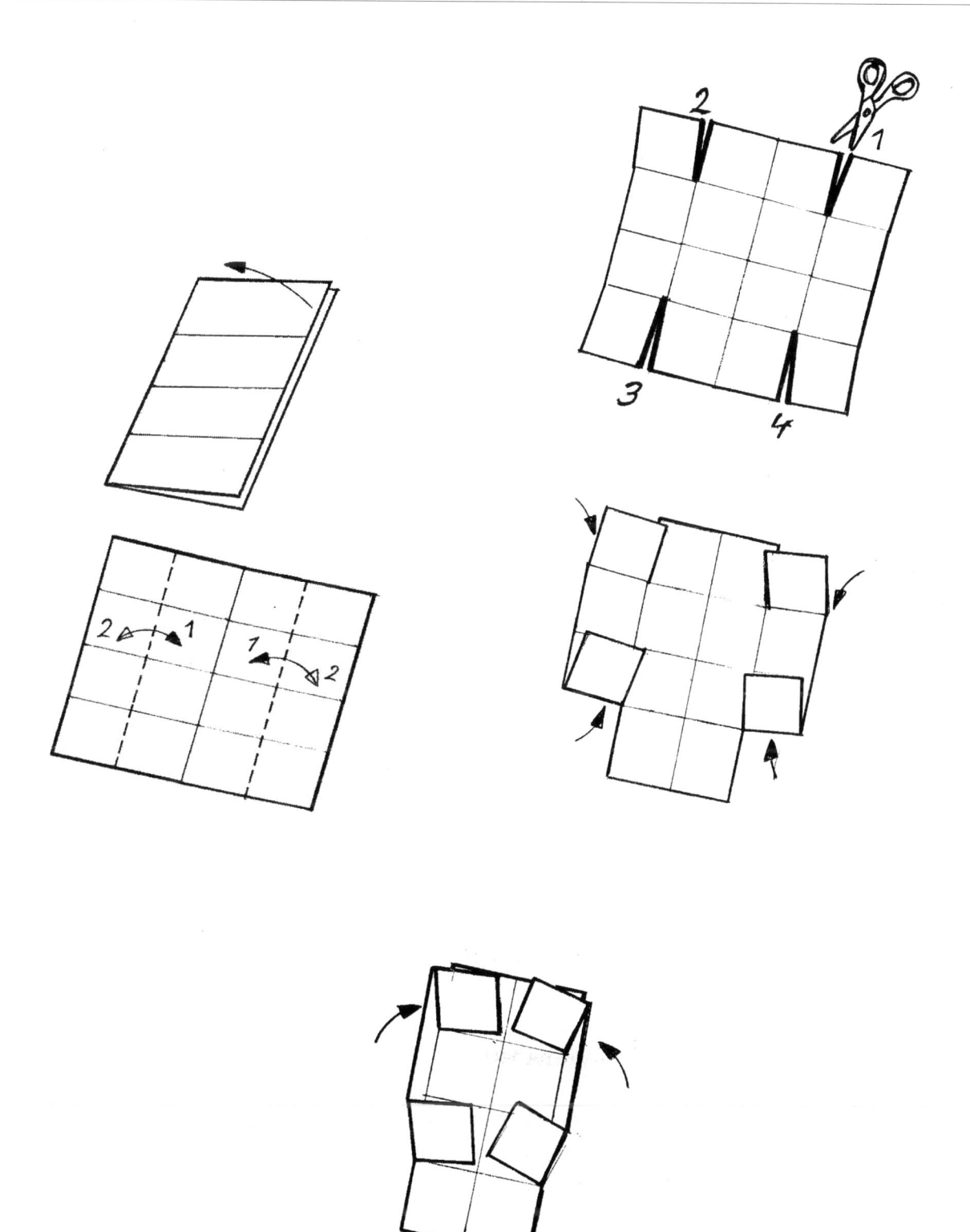

Und wieder brennt die Kerze - Das große Mitmach-Buch für Advent und Weihnachten

17

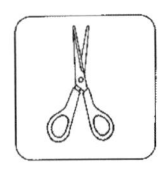

Adventskalender verzieren

Die Schachteln brauchen noch Zahlen von 1-24.
Diese können ausgeschnitten und aufgeklebt werden. Oder man schreibt sie mit dickem Filzstift auf die Schachteln.
Oder man klebt ausgeschnittene Sterne mit den Zahlen auf die Schachteln.

Material :
- Tonpapier
- Bleistift
- Schere
- Alleskleber
- dicker Filzstift
- Bast oder Wolle
- Schnur

So geht's:
Die Sternschablone (Seite 22) auf das Tonpapier legen und mit dem Bleistift umrunden. 24 Sterne aufzeichnen. Die Kinder schneiden sie aus. Wer kann schon Zahlen darauf schreiben? Je einen Stern auf ein Päckchen kleben.
Am Abend vor dem 1. Dezember:
Die Erzieherin füllt die Schachteln und bindet sie mit Bast oder Wolle zu. Eine Schnur quer durchs Zimmer spannen und die Päckchen daran aufhängen.

Tipp

Sind es mehr als 24 Kinder, so werden mehr Schachteln hergestellt und entsprechend viele Zahlen auf je zwei Schachteln geschrieben. Sind es weniger, dann werden in bestimmte Schachteln Gegenstände gelegt, die in der Einrichtung bleiben.

Ritual: Adventskalender öffnen

An jedem Tag werden ein oder zwei Päckchen abgeschnitten. Wer darf eines mit nach Hause nehmen?

Material:
- Tonpapier
- Bleistift
- Schere
- Körbchen

So geht's:
So viele Sterne aufzeichnen, wie Kinder beim Adventskalender mitmachen und ausschneiden. Auf jeden Stern einen Namen schreiben. Die Sterne in einem Körbchen aufbewahren.
Ein Kind beginnt und zieht einen Stern aus dem Körbchen. Wessen Name steht darauf? Dieses Kind sucht das Päckchen mit der 1 und schneidet es ab. Sind die Geschenke für alle Kinder gleich, so sollte dieses Päckchen ungeöffnet mit nach Hause genommen werden. Sonst wissen die andern Kinder, was sie geschenkt bekommen.
Schön ist es auch, kleine Geschenke zu verpacken, die in der Gruppe bleiben, z.B. kleine Spielzeuge wie Holztiere oder Puppengeschirr. Dann können die Kinder das Geschenk gleich auspacken und es kommt anschließend gleich beim Spielen zum Einsatz.

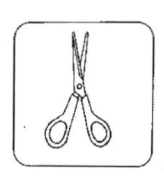

Adventskranz binden

Einen Adventskranz zu binden, ist nicht schwer und macht viel Spaß!

Material :
- Zeitungspapier
- Klebeband
- eventuell Strohkranz
- Tannenreisig

- Gartenschere
- Blumendraht

Dekorationsmaterial:
- 4 dicke Kerzen
- Naturmaterial wie Zapfen, Moos
- ausgeschnittene Sterne, Strohsterne, Lametta…

So geht's:
Aus ein paar Bogen Zeitungspapier eine Wurst zusammen rollen und zu einem Kreis legen. Die Nahtstelle großzügig mit Klebeband fixieren. Dieser Kreis dient als Unterlage für den Adventskranz. An seiner Stelle kann ein fertiger Strohkranz verwendet werden. Die Arbeitsweise ist dabei gleich:
von dem Tannenreisig kurze Stücke schneiden, sie sollen etwa 20 cm lang sein. Dabei immer von der Spitze der Zweige her schneiden.
Den Draht am Kranz fest machen. Jeweils 2-3 kleine Zweige zu einem kleinen Bündel zusammen nehmen, auf den Kranz legen und einmal mit Draht umwickeln. Die Zweigspitzen zeigen dabei nach außen. Weiterhin kleine Bündel rings um den Kranz legen, dabei immer nach unten versetzen und fest mit Draht umwickeln.
Die Aufgabe der Kinder: sie reichen die Bündel aus 2-3 Zweigen. Die Stiele der letzten Zweige unter die ersten Zweige stecken und gut umwickeln. Setzt man auf diese Stelle eine dicke Kerze, dann sind Anfang und Ende nicht mehr zu sehen.
Den Adventskranz nach Wunsch dekorieren.

Wichtig:
Die Kerzen nur dann anzünden, wenn ein Wassereimer in der Nähe steht!

Tipp

Der Adventskranz hält länger und verliert weniger schnell seine Nadeln, wenn das Tannenreisig sehr frisch geschnitten wurde.
Seine Haltbarkeit wird erhöht, wenn er über Nacht ins Freie gelegt wird und erst am Morgen wieder ins warme Zimmer kommt.

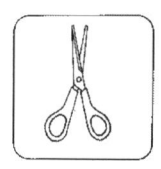

Adventskranz aus gesammeltem Holz

Am Naturtag bekommen die Kinder die Aufgabe, viele dicke und kurze Aststücke zu suchen. Aus diesen Stücken entsteht ein interessanter Adventskranz.

Material :
- dicke kurze Holzstücke
- Bürste
- runde Metallplatte, z.B. Tablett

Dekorationsmaterial:
- 4 dicke Kerzen
- Metalluntersetzer für die Kerzen
- Heißkleber
- Naturmaterial wie Zapfen, Moos
- und/oder ausgeschnittene Sterne, Strohsterne, Lametta...

So geht's:
Die Holzstücke gut abbürsten und trocknen lassen.
Auf der Unterlage zu einem Kranz legen. Die Kerzenhalter hinein stellen. Mit Heißkleber fest machen, damit sie nicht umfallen können.
Mit dem Dekorationsmaterial verzieren.

Wichtig:
Die Kerzen nur dann anzünden, wenn ein Wassereimer in der Nähe steht!

Ausgesägte Sterne für den Adventskranz

Arbeiten mit Holz ist eine anspruchsvolle Tätigkeit für größere Kindergartenkinder. Diese Dekoration eignet sich ab Ende November als Geschenk für die Eltern, die damit den Adventskranz verzieren können.

Material :
- Butterbrotpapier
- Bleistift
- Schere

- Sperrholz aus Pappel
- Laubsägebrettchen
- Zwinge
- Laubsäge
- Sägeblättchen
- Schleifpapier
- Flüssigfarben
- Pinsel

So geht's:
Das Butterbrotpapier auf die Sterne legen, eine der Konturen nachmalen. Ausschneiden, auf das Holz legen und mit Bleistift umrunden. Anschließend auf dem Sägebrettchen einspannen und aussägen. Mit dem Schleifpapier schön glatt schleifen. Nach Wunsch bemalen und trocknen lassen.

Orangen für den Adventskranz

Eine beliebte Dekoration im Advent sind getrocknete Orangenscheiben.

Material :
- Orange
- Schneidebrett
- Küchenmesser
- Golddraht
- Orangenöl

So geht's:
Die Orangen in Scheiben von etwa 3mm schneiden. Auf Backpapier legen und bei 50° im Backofen trocknen. Dabei einen Kochlöffel in die Tür stecken, damit die Feuchtigkeit entweichen kann.
Die fertigen Scheiben mit Golddraht umwickeln und am Adventskranz fest machen. Wenn sie nicht mehr duften, mit jeweils nur einem Tropfen Orangenöl beträufeln. Sie sollen jetzt nicht mehr feucht werden.

Tipp
Einen langen Golddraht im Zimmer aufhängen. Mehrere Orangenscheiben mit Golddraht umwickeln und am langen Draht befestigen.
Jeden Tag nimmt ein Kind (zusätzlich zum Geschenk aus dem Adventskalender) eine Orangenscheibe für den eigenen Adventskranz mit nach Hause.

Ausgesägte Sterne als Zimmerdekoration

Es ist nicht einfach, ohne Schablone einen gleichmäßigen Stern zu zeichnen. Dafür ist jeder dieser Sterne ein Unikat!

Material :
- Sperrholz aus Pappel
- Bleistift
- Laubsägebrettchen
- Zwinge
- Laubsäge
- Sägeblättchen
- Schleifpapier
- Hammer
- Nagel
- Flüssigfarben
- Pinsel
- Garn
- Schere
- eventuell Klarlack

So geht's:
Die Kinder zeichnen einen Stern auf das Holz auf.
Anschließend auf dem Sägebrettchen einspannen und aussägen. Mit dem Schleifpapier schön glatt schleifen.
Mit Hammer und einem Nagel ein Loch zum Aufhängen hinein schlagen. Nach Wunsch auf einer Seite bemalen und trocknen lassen. Die andere Seite ebenfalls bemalen.
Das Garn abschneiden, durchziehen und verknoten.
Wer die Sterne nach draußen hängen möchte, lackiert sie rundum.

So kann ein selbst aufgemalter und ausgesägter Stern aussehen...

Tipp

Ein schöner Blickfang für den Eingangsbereich:
Eine Girlande aus Tannenzweigen, daran mehrere ausgesägte und bemalte Sterne aufgehängt, alles kombiniert mit einer Lichterkette für den Außenbereich.

Christa Baumann/Stephen Janetzko

Und wieder brennt die Kerze

Text: Rolf Krenzer; Musik: Stephen Janetzko; CD "Und wieder brennt die Kerze"
© Edition SEEBÄR-Musik Stephen Janetzko, www.kinderliederhits.de

1. Und wieder brennt die Kerze in dunkler Zeit. Freut euch, denn bald ist Weihnachten, es ist soweit. Freut euch, denn bald ist Weihnachten, es ist soweit.

2. Schon brennt die zweite Kerze. Wir freun uns sehr.
Es dauert nun bis Weihnachten nicht lange mehr.
Es dauert nun bis Weihnachten nicht lange mehr.

3. Nun brennt die dritte Kerze. Macht euch bereit,
denn es beginnt mit Weihnachten die neue Zeit,
denn es beginnt mit Weihnachten die neue Zeit.

4. Es brennt die vierte Kerze. Wie hell sie brennt!
So feiern wir zusammen wieder den Advent.
So feiern wir zusammen wieder den Advent.

5. Wenn alle Kerzen brennen, ist es soweit.
Drum lasst uns fröhlich singen nun zur Weihnachtszeit.
Drum lasst uns fröhlich singen nun zur Weihnachtszeit.

Getauchte Kerzen

Kerzen sind wunderschöne Geschenke für Eltern, Großeltern, Paten usw.
Bei dieser Technik ist es sicherer, nur mit einem Kind zu arbeiten.

Material :
- Kerzenreste
- Schüsseln
- Küchenmesser
- Schneidebrett
- saubere Konservendose
- Kochtopf
- Gabel
- 1 weiße oder beige Kerze

So geht's:
Vorbereitung der Kinder:
Sie bekommen die Aufgabe, die Kerzenreste nach Farben in Schüsseln zu sortieren. Anschließend schneiden sie diese klein. Fallen dabei Dochte heraus, so werden diese entfernt. Die Kerzenstückchen sortiert in Konservendosen geben.

Das macht der Erwachsene:
So viel Wasser in den Kochtopf geben, dass die erste Konservendose bis zu 1/3 umspült wird. Das Wasser leise köcheln lassen. Die Kerzenreste schmelzen nun. Restliche Kerzendochte mit der Gabel heraus fischen. Die Dose mit dem Wachs vor ein Kind stellen.

Das macht das Kind:
Es taucht die Kerze, die verziert werden soll, in das flüssige Wachs. Beim Herausziehen bleibt eine kleine Schicht Wachs an der Kerze. Möchte es diese dicker haben, dann taucht es die Kerze mehrmals hinein. Zwischendurch das Wachs an der Kerze kurz abkühlen lassen.

Tipp

Bei mehreren Farben wird die Kerze zunächst sehr tief hinein getaucht (dazu braucht man entsprechend viele Kerzenreste), bei den nächsten Farben jedoch immer weniger tief.
Hat man nur wenige Reste in einer Farbe, so kann eine schmale Konservendose verwendet werden. Das Wachs steht darin höher.

Kerzenständer aus Holz

Kindergartenkinder arbeiten gern mit Holz. Bei diesem Geschenk brauchen sie aber recht viel Geduld.

Material :
- dicke quadratische Holzstücke aus dem Baumarkt

- Schleifpapier
- dicke Kerze
- Geschenkpapier
- Geschenkband

So geht's:
Die Holzstücke zuerst mit der Holzraspel entgraten, dann mit dem Schleifpapier schön glatt schleifen. Das dauert seine Zeit.
Eine dicke Kerze darauf stellen und als Geschenk verpacken.

Kerzenflamme genau beobachten und zeichnen

Wer hat schon einmal eine Kerzenflamme genauer beobachtet?

Material:
- Kerze im Kerzenständer oder Teelicht
- Streichholz oder Feuerzeug
- Lupe
- Malpapier
- Farben

Die Kerze im Kerzenständer oder das Teelicht anzünden und die Flamme mit der Lupe genau beobachten. Sie hat verschiedene Zonen, die man sehr gut erkennen kann.
Wer kann malen, wie seine Kerzenflamme genau aussah?

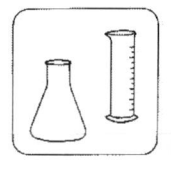

Durch eine Kerzenflamme streichen

Wie die Kinder sehen können, hat eine Kerzenflamme eine leuchtende und eine dunkle Zone. Unten, wo sie dunkel erscheint, ist sie kühl.
Wer wagt es, mit dem Finger durch die Kerze zu streichen? Der Erwachsene kann diese dunkle und kühle Stelle nochmals zeigen und beweisen, dass man sich dort nicht die Finger verbrennt.

Christa Baumann/Stephen Janetzko

Schnee, Schnee, Schnee
- Schneemann-Lied und Tanz -

Text und Musik: Stephen Janetzko; CD "Und wieder brennt die Kerze"
© Edition SEEBÄR-Musik Stephen Janetzko, www.kinderliederhits.de

Tempo: ca. 110

Refrain: Schnee, Schnee, Schnee, wo-hin ich seh, seh, seh, liegt nur Schnee, Schnee, Schnee, liegt nur Schnee, Schnee, Schnee. Schnee, Schnee, Schnee, wo-hin ich seh, seh, seh, liegt nur Schnee, Schnee, Schnee, liegt nur Schnee, Schnee, Schnee.

1. Schnee-mann, Schnee-mann, 1 - 2 - 3, geh doch nicht so schnell vor-bei - gib mir dei-ne Hand, gib mir dei-ne Hand, und bleib ein biss-chen hier, und bleib ein biss-chen hier.

Refrain: Schnee, Schnee, Schnee...

2. Schneemann, Schneemann, 1- 2 - 3. Geh doch nicht so schnell vorbei
 - schenk mir einen Tanz, schenk mir einen Tanz, und bleib ein bisschen hier, und bleib ein bisschen hier.

Refrain: Schnee, Schnee, Schnee...

3. Schneemann, Schneemann, 1- 2 - 3. Geh doch nicht so schnell vorbei
 - wir wolln bei dir sein, wir wolln bei dir sein, drum bleib ein bisschen hier, drum bleib ein bisschen hier.

Refrain: Schnee, Schnee, Schnee...

4. Schneemann, Schneemann, 1- 2 - 3. Geh doch nicht so schnell vorbei
 - Winter ist so kurz, Winter ist so kurz, drum bleib ein bisschen hier, drum bleib ein bisschen hier.

Refrain: Schnee, Schnee, Schnee...

5. Schneemann, Schneemann, 1- 2 - 3. Geh doch nicht so schnell vorbei
 - du willst doch nicht fort, du willst doch nicht fort,
 komm, bleib ein bisschen hier, komm, bleib ein bisschen hier.

Refrain: Schnee, Schnee, Schnee...

Schneemann aus Watte kleben

Auch jüngere Kinder können diesen Schneemann bekleben, wenn ihnen ein größeres Kind oder ein Erwachsener die Kreise ausschneidet.

Material:
- weißes Tonpapier
- drei verschieden große Teller
- Bleistift
- Schere
- Klebestift
- Watte
- bunte Papierreste

So geht's:
Die drei Teller auf das Papier legen und mit dem Bleistift umrunden. Alle Kreise ausschneiden.
Die Kreise so übereinander kleben, dass sie sich leicht überlappen und der kleinste Kreis als Kopf des Schneemannes oben liegt.
Mit dem Klebestift bestreichen. Watte darauf kleben.
Aus den Papierresten die Augen, die Nase und den Mund schneiden und aufkleben.

Betupfter Schneemann

Ein Schneemann, den auch jüngere Kinder herstellen können.

Material:
- dunkles Tonpapier
- weißer Malstift
- Deckweiß
- Wasserfarbe
- Pinsel

So geht's:
Mit dem Malstift drei unterschiedlich große Kreise für einen Schneemann aufzeichnen. Der Größte ist unten, der Kleinste oben als Kopf.
Etwas Deckweiß in einen kleinen Teller drücken. Die Kinder tupfen nun mit einer Fingerspitze den Schneemann aus. Augen, Nase und Mund mit Wasserfarben malen.

Ausgesägter Schneemann

Eine Werkarbeit für größere Kindergartenkinder.

Material :
- Sperrholz aus Pappel
- 3 verschieden große Teller
- Bleistift
- Laubsägebrettchen
- Zwinge
- Laubsäge
- Sägeblättchen
- Schleifpapier
- Flüssigfarben
- Pinsel

So geht's:
Die drei Teller auf das Holz legen und mit Bleistift umrunden. Anschließend auf dem Sägebrettchen einspannen und aussägen. Mit dem Schleifpapier den Umfang sehr gut glätten..
Den Schneemann auf beiden Seiten bemalen und trocknen lassen.

Ein Lied geht um

„Leise rieselt der Schnee...", dudelt es im Supermarkt, als Frau Fröhlich ihre Frühstücksbrötchen kauft.

Weil Frau Fröhlich an diesem Morgen so gut gelaunt ist, singt sie auf dem Heimweg fröhlich das Lied "Leise rieselt der Schnee..." vor sich hin.
Die Leute auf der Straße aber blicken sie griesgrämig und morgenmuffig an. Einige schütteln sogar missbilligend die Köpfe.
"So ein Blödsinn am frühen Morgen!", brummt Herr Sauerbart und eilt weiter.
Das Lied aber macht einen Hüpfer aus Frau Fröhlichs Kehle und landet auf der Brummelzunge von Herrn Sauerbart.
"Leise rieselt der Schnee..." singt es dort fröhlich weiter.
Herr Sauerbart wundert sich, aber er kann nicht anders als weiter singen.
"Sie träumen wohl?", murrt Fräulein Dürr. "Ein Weihnachtslied. Wie witzig!"
Die Leute auf der Rolltreppe, Frau Dorsch, Herr Werner, Oma Baumann, Nora und Daniel, nicken.
Ja, wer singt heute noch Weihnachtslieder - noch dazu mitten am helllichten Tage?
"Es schneit ja nicht mal", kichert Nora.
Herr Sauerbart ist beleidigt. Eilig geht er seines Weges.
Fräulein Dürr, Frau Dorsch, Herr Werner, Oma Baumann, Nora und Daniel sehen ihm erstaunt nach.
Das Lied aber kichert leise vor sich hin und schickt jedem seinen kleinen morgendlichen Weihnachtsgruß hinterher.
Wie? Ganz einfach:
"Leise rieselt der Schnee..." trällert Oma Baumann, als sie wenig später das Wartezimmer von Doktor Klug betritt.
Die Leute im Wartezimmer lachen, doch als sie die Praxis wieder verlassen, können sie nicht anders als auch "Leise rieselt der Schnee..." vor sich hin zu singen.
Ähnlich ergeht es auch Frau Dorsch im Bus, Fräulein Dürr im Büro und Herrn Werner in der Fabrik, und jeder, der ihnen begegnet, stimmt mit ein.
Singend kommt auch Daniel in der Schule an.
"Hihi", spotten seine Klassenkameraden. "Daniel singt ein Weihnachtslied!"
Sie lachen und johlen und fangen an "Leise rieselt der Schnee..." zu singen.
Auch Nora singt im Kindergarten das Lied.
"Schön", sagen die anderen Kinder. "Und sie üben den ganzen Vormittag das Lied."
Als Frau Fröhlich später durch die Stadt schlendert, hört sie überall das "Leise rieselt der Schnee...", das ihr am Morgen von der Zunge

gehüpft ist.
Es tönt aus allen Ecken, in Geschäften und Häusern, in den Straßen und im Bus, und bis zum Abend hat fast jeder in der Stadt das Lied ein paar Mal gesungen.
Ja, und jeder hat immer wieder - heimlich und verstohlen - am Himmel nach Schneewolken Ausschau gehalten. Wie schön wäre es, wenn er käme, der Schnee, jetzt in der Weihnachtszeit. Still und leise, so wie das Lied in die Kehlen der Menschen gekommen ist.

© Elke Bräunling. **www.elkeskindergeschichten.de**

Schneeflocken- Plätzchen

Zutaten:
- 250 g Butter oder Margarine
- 80 g Mehl
- 250 g Speisestärke
- 100 g Puderzucker
- 2 Päckchen Vanillezucker

So geht's:
Alle Zutaten zu einem glatten Teig verkneten. Kleine Kugeln daraus drehen. Mit einer Gabel etwas platt drücken. Mit etwas Abstand auf ein mit Backpapier ausgelegtes Blech legen.
Im vorgeheizten Backofen bei 160° etwa 15 Minuten backen. Die Schneeflocken-Plätzchen sollen nicht braun werden!
Sie sind sehr zart wie Schneeflocken, aber etwas krümelig.

Es schneit, ihr Leut!

Text: Rolf Krenzer; Musik: Stephen Janetzko; CD "Und wieder brennt die Kerze"
© Edition SEEBÄR-Musik Stephen Janetzko, www.kinderliederhits.de

Tempo: ca. 126

Refrain: Es schneit, ihr Leut! Es schneit, ihr Leut! Es war auch höchste Zeit! Die Erde trägt ein weißes Kleid, und so beginnt die Winterzeit, und so beginnt die Winterzeit! Es schneit, ihr Leut! Drum freut euch heut, weil`s endlich wieder schneit, weil`s endlich wieder schneit!

1. Es schneit ganz dicke Flocken, und schaue ich hinaus, da ist die Welt voll Puderzucker bis zu uns nach Haus, da ist die Welt voll Puderzucker bis zu uns nach Haus.

Refrain: Es schneit, ihr Leut...

2. Da weck´ ich meine Schwester. Sie ist noch ziemlich klein.
"Auf, zieh dich an und fahre mit mir in den Schnee hinein,
auf, zieh dich an und fahre mit mir in den Schnee hinein."

Refrain: Es schneit, ihr Leut...

3. Wir essen schnell ein Brötchen mit Butter und Gelee.
Dann hole ich den Schlitten raus und auf geht`s in den Schnee.
Dann hole ich den Schlitten raus und auf geht`s in den Schnee.

Refrain: Es schneit, ihr Leut...

4. Ich setz´ sie auf den Schlitten, und sie schreit: "Pferdchen, zieh!"
Ich zieh den Schlitten durch den Schnee, und es ist schön wie nie!
Ich zieh den Schlitten durch den Schnee, und es ist schön wie nie!

Refrain: Es schneit, ihr Leut...

Schneekugel kleben

Ein schönes Geschenk, selbst gemacht für ein anderes Kind.

Material:
- sauberes Marmeladenglas mit Schraubdeckel
- kleine Plastikfigur
- Heißklebepistole und -Stifte
- destilliertes Wasser
- Babyöl
- 1 Teelöffel Glitter

So geht's:
Die kleine Figur mit der Heißklebepistole in den Deckel kleben. Kalt werden lassen. Das Marmeladeglas mit destilliertem Wasser füllen. Es soll nicht ganz voll sein!
Ein paar Tropfen Babyöl dazu geben, Glitter einfüllen.
Den Deckel probehalber aufschrauben. Das Glas umdrehen und kurz schütteln.

Test:
Fällt der Glitter langsam herunter? Wenn er zu schnell fällt, noch etwas Babyöl zugeben. Ist genügend oder zu viel Wasser im Glas?
Stimmt alles, dann wird das Glas noch einmal hingestellt und der Deckel abgeschraubt. Den Deckel und den Rand des Glases gut abtrocknen. Anschließend das Glas oben mit Heißkleber bestreichen und den
Deckel sofort aufschrauben.

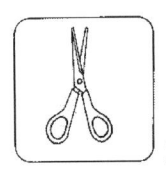

Schneeglöckchen falten

Sogar im Schnee kann man Schneeglöckchen entdecken!

Material:
- weißes und dunkles Papier

- Klebestift
- grüne Papierreste
- Watte
- Wasserfarben
- Pinsel

So geht's:
Quadrate aus weißem Papier zuschneiden. Die Schneeglöckchen nach Anleitung falten. Auf das dunkle Papier kleben. Aus dem grünen Papier längliche Blätter schneiden und aufkleben. Aus Watte den Schnee aufkleben.
Gelbe Wasserfarbe anrühren. Mit dem Finger eine Sonne tupfen.

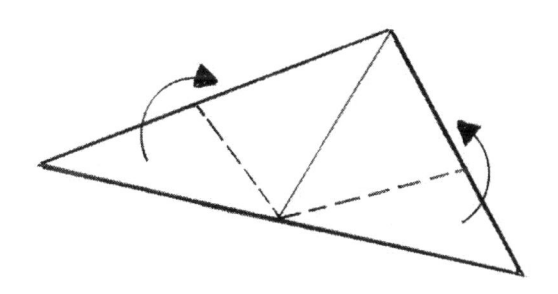

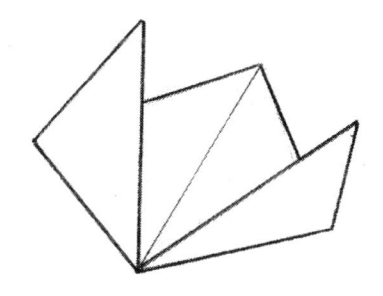

Der Nikolaus und sein Sack

Text: Rolf Krenzer; Musik: Stephen Janetzko; CD "Und wieder brennt die Kerze"
© Edition SEEBÄR-Musik Stephen Janetzko, www.kinderliederhits.de

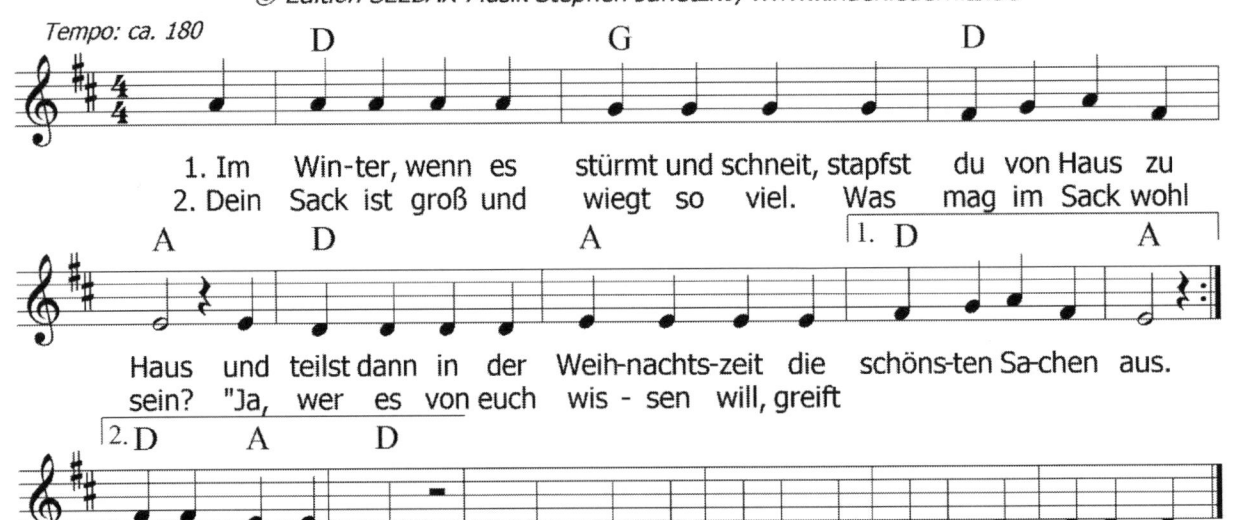

Tempo: ca. 180

1. Im Winter, wenn es stürmt und schneit, stapfst du von Haus zu Haus und teilst dann in der Weihnachtszeit die schönsten Sachen aus.

2. Dein Sack ist groß und wiegt so viel. Was mag im Sack wohl sein? "Ja, wer es von euch wissen will, greift in den Sack hinein!"

Ref.: Nikolaus, Nikolaus, Nikolaus, Nikolaus.

3. Was du in deinen Sack gepackt,
das holen wir heraus.
Und wenn wir alles ausgepackt,
gehst du zum nächsten Haus.

4. Wie kommt es: Wenn du weitergehst,
dann ist dein Sack ganz leer,
wenn du vor Nachbars Haustür stehst,
ist er schon wieder schwer!?

Refrain: Nikolaus, Nikolaus, Nikolaus, Nikolaus.

5. Bedächtig hat der alte Mann
gesagt: "Dass ihr es wisst:
Es gibt auch was, was ich nur kann,
weil's mein Geheimnis ist!"

Refrain: Nikolaus, Nikolaus, Nikolaus, Nikolaus.

Hinweis: Die 5. Strophe bitte auf die Wiederholungs-/Schluss-Variante singen.

Legenden um den Nikolaus

Um die Person des Nikolaus ranken sich viele Legenden. Nikolaus war Bischof von Myra in der heutigen Türkei, das steht fest. Vermutlich wurden die Legenden im Laufe der Zeit mit denen um einen anderen Bischof mit dem gleichem Namen vermischt.
Heute erscheint der Nikolaus oft in einem roten Gewand mit weißem Bart und Zipfelmütze. Er ist auf vielen Weihnachtsmärkten anzutreffen, sein Bild findet sich in Zeitschriften und Werbeprospekten.
In den Kindergarten kommt er in der Regel als Bischof mit Mitra und Bischofsstab. Das kann für Kinder recht verwirrend sein. Eine Erklärung, die einleuchtet: Erwachsene und Kinder haben unterschiedliche Kleidung. Zum Matschen ziehen sie eine alte Hose an. Auch Papa und Mama haben unterschiedliche Kleidung: tragen im Garten weder Anzug noch Stöckelschuhe.
So hat auch der Nikolaus verschiedene Kleider: auf den Weihnachtsmarkt trägt er den roten Mantel. Den Kindergarten besucht er dagegen in seinem schönen Bischofsmantel, trägt die Mitra und hat den Bischofsstab dabei.

Die drei Säcke

Ein Mann lebte in Armut mit seinen Kindern, die Frau war schon gestorben. Weil er aber krank war und nicht arbeiten konnte, hungerten die Kinder und hatten auch keine Kleider.
Eines Morgens stand ein Sack vor der Tür. Darin fanden der Mann und die Kinder Brot und Mehl.
Am nächsten Tag fanden sie wieder einen Sack, darin entdeckten sie Kleider.
Am dritten Morgen stand wieder ein Sack vor der Tür. Darin fanden sie Schuhe. Und als sie diese anziehen wollten, steckte in jedem Schuh ein Spielzeug. Es war das erste Spielzeug, das die Kinder je bekommen hatten.
Aus diesem Grund stellen die Kinder ihre blank geputzten Schuhe oder Stiefel auch heute noch am Abend vor dem Nikolaustag vor die Tür.
Der Nikolaus legt deshalb auch gern Äpfel, Mandarinen, Nüsse und kleine Spielzeuge in die Schuhe der Kinder.

Hungersnot in Myra

In der Stadt Myra, in der Bischof Nikolaus lebte, herrschte eine große Hungersnot. Das ganze Jahr über hatte es geregnet. Darum hatte das Getreide nicht wachsen können. Als Schiffe mit Getreide in den Hafen einliefen, glaubten die Menschen, sie seien gerettet. Aber die Matrosen getrauten es sich nicht, das Getreide zu verkaufen. Sie fürchteten sich vor dem Eigentümer. Sie waren sicher, dass er sie bestrafen würde, wenn etwas von der Ladung fehlte.
Bischof Nikolaus ging zu den Matrosen. Er versicherte ihnen, dass sie den Leuten unbesorgt etwas von der Ladung verkaufen könnten. Bis sie bei dem Besitzer des Getreides ankommen würden, wäre die Ladung wieder vollständig.
Die Matrosen glaubten Nikolaus und verschenkten viele Säcke an die hungernden Menschen.
Als das Schiff bei seinem Besitzer ankam, fehlte wirklich kein einziges Korn! Genau wie Nikolaus es versprochen hatte.

Die drei Töchter

Ein Mann hatte drei Töchter. Zu der damaligen Zeit konnten Mädchen nur heiraten, wenn sie Geld hatten. Weil der Vater sehr arm war, konnten die Töchter nicht heiraten. Das war damals sehr schlimm.
Eines Tages fand der Vater in seinem Haus ein Säckchen Gold. Er war überglücklich. Jetzt konnte die älteste Tochter heiraten.
Zu seiner Überraschung fand er an jedem der nächsten beiden Tage wieder ein Säckchen Gold. Nun konnten auch seine beiden jüngeren Töchter heiraten.
Der Legende nach hat Nikolaus die Mädchen beschenkt und beschenkt auch heute noch die Kinder.

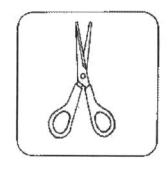

Nikolaussack nähen

Manchmal braucht der Nikolaus einen richtig großen Sack, damit er alle Geschenke transportieren kann. Wer mag helfen, ihn zu verzieren?

Material:
- 1 Kartoffelsack (Agrarhandel)
- Zeitungspapier
- dunkle Filzstifte
- Filzreste
- Schere
- Alleskleber
- Wollreste
- Nähnadel mit dickem Öhr

So geht's:
Den Kartoffelsack glatt hinlegen. Zeitungspapier hinein schieben, es soll ebenfalls glatt liegen.
Die Kinder überlegen sich Motive und malen diese mit Filzstift auf den Filz. Die Motive ausschneiden und auf den Kartoffelsack kleben. Trocknen lassen.
Nacheinander nähen die Kinder ihr Motiv mit Wolle und Nadel ringsum mit großen Stichen fest.
Der Sack braucht nur auf einer Seite verziert zu werden.

Fühlspiel mit dem Nikolaussack

In einen großen Nikolaussack können große Gegenstände gesteckt und dann gefühlt werden. Es wird die Seite zum Fühlen benutzt, die nicht beklebt wurde.

Material:
- Nikolaussack

- große Gegenstände aus der Einrichtung, z.B. Hausschuh, großer Bauklotz, Kochtopf, Regenschirm, große Kleberolle usw.

So geht's:
Die Erzieherin sucht die Gegenstände und füllt sie in den Sack, ohne dass die Kinder sie gesehen haben. Wer fühlt von außen und kann einen Gegenstand benennen? Kann dieser aus dem Sack heraus geholt werden, ohne dass ein Kind hinein schaut?

Nikolaus aus einer Holzleiste

Ein sehr großer Nikolaus entsteht, wenn eine lange und breite Holzleiste als Untergrund verwendet wird.
Er kann im Freien stehen und die Besucher zum Beispiel vor der Haustür begrüßen.

Material:
- breite Holzleiste
- Bleistift
- Flüssigfarbe
- Pinsel
- Alleskleber
- Klarlack
- Watte

So geht's:
Das Gesicht eines Nikolaus mit Bleistift auf den oberen Teil der Holzleiste zeichnen. Mit Flüssigfarbe ausmalen. Trocknen lassen. Die restliche Leiste mit roter Farbe bemalen. Das Gesicht des Nikolaus und den Bart anschließend malen. Nach dem Trocknen ringsum mit Klarlack haltbar machen.
Soll der Nikolaus drinnen oder unter einem Dach stehen, dann bekommt er einen Bart aus Watte.

Schaut her, ich bin der Nikolaus

Text: Rolf Krenzer; Musik: Stephen Janetzko; CD "Und wieder brennt die Kerze"
© Edition SEEBÄR-Musik Stephen Janetzko, www.kinderliederhits.de

Ref.: Schaut her, ich bin der Nikolaus und komme heut zu dir.
Schaut her, mach doch dem Nikolaus nun endlich auf die Tür.

1. Schaut her, ich bin der Nikolaus.
So schlepp ich mich von Haus zu Haus
für was ich für euch hab,
alle Kinder ab.

Refrain: Schaut her, ich bin der Nikolaus...

2. Schaut her, ich bin der Nikolaus.
Nun lass mich endlich rein!
Und komm ich heut zu dir nach Haus,
dann kannst du dich schon freun.

Refrain: Schaut her, ich bin der Nikolaus...

3. Schaut her, ich bin der Nikolaus.
Nun greift in meinen Sack!
Ich trug ihn schon von Haus zu Haus,
dazu noch huckepack.

Refrain: Schaut her, ich bin der Nikolaus...

4. Schaut her, ich bin der Nikolaus.
Weiß jemand noch ein Lied?
Dann schallt es laut jetzt durch das Haus,
denn alle singen mit.

Refrain: Schaut her, ich bin der Nikolaus...

5. Schaut her, ich bin der Nikolaus.
Nun muss ich weitergehn!
Schon nächstes Jahr bei euch zu Haus,
wolln wir uns wiedersehn.

Refrain: Schaut her, ich bin der Nikolaus...

Bedruckte Tüte

Geschenktüten können alle Familien gebrauchen!

Material:
- Packpapier
- Moosgummi
- Kugelschreiber
- Schere
- Flaschenkorken
- Alleskleber
- Wasserfarben
- Pinsel

So geht's:
Aus dem Packpapier verschieden große Rechtecke schneiden und einmal zusammen falten.
Vor dem Zusammenkleben auseinander falten und bedrucken. Dazu ein Motiv (Stern, Weihnachtsbaum usw.) mit Kugelschreiber auf den Moosgummi zeichnen und ausschneiden. Einen Flaschenkorken senkrecht darauf kleben. Trocknen lassen. Jetzt ist der Stempel fertig.
Die Fläche des Stempels mit dick angerührter Wasserfarbe bestreichen. Auf das Packpapier drucken. Trocknen lassen.
Anschließend die Tüte einmal falten und die Naht zusammen kleben. Fertig falten und auch an der Standfläche zusammen kleben.
Die Tüte lässt sich leichter füllen und steht gut, wenn man die Standfläche mit der Hand von innen auseinander drückt.
Zum Verstauen wieder zusammen falten.

Tipp

Wer Reste von Geschenkpapier hat, kann Tüten für viele Gelegenheiten falten: für Geburtstage, Ostern, als Verpackung für Gebäck…

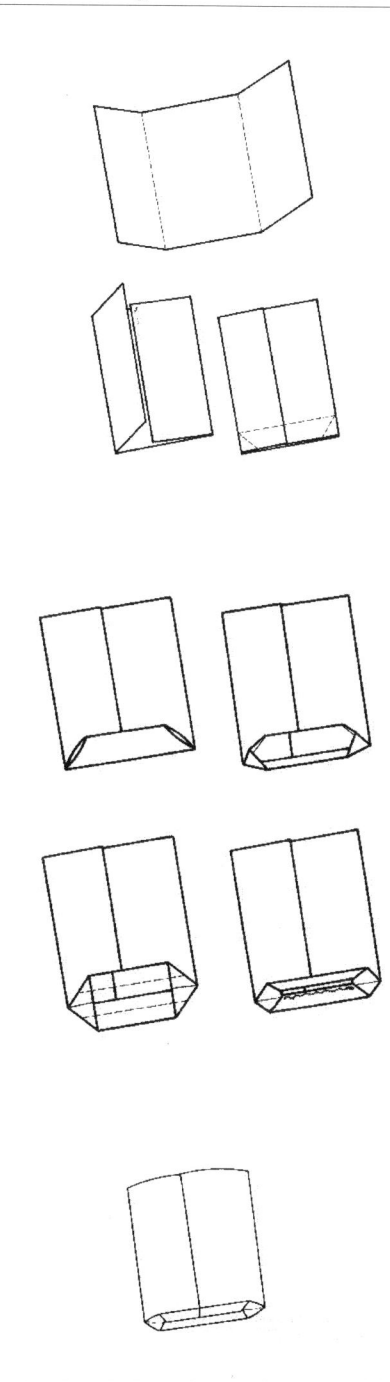

Und wieder brennt die Kerze - Das große Mitmach-Buch für Advent und Weihnachten

Nikolausgeheimnisse im Kreis flüstern

Angelehnt an das Spiel „Stille Post" erzählen die Kinder Geheimnisse des Nikolaus im Kreis weiter.

So geht's:
Ein Kind beginnt und überlegt sich etwas Ernstes oder Lustiges vom Nikolaus. „Der Nikolaus kann heute nicht mit dem Schlitten fahren, weil kein Schnee liegt". Oder „Der Nikolaus hat nur Geschenke für die Jungs mitgebracht".
Es flüstert seinem Sitznachbarn diesen Satz ins Ohr. Dieser gibt an seinen Nebenmann weiter, was er eben gehört hat. Das letzte Kind im Kreis sagt laut, was bei ihm angekommen ist.
Sicher sind die Kinder überrascht, wenn sie hören, welchen Satz das erste Kind geflüstert hat.
Ist der Sinn verdreht?
Oder geht es plötzlich um etwas ganz anderes?
Was ist dabei passiert?
Was könnte geschehen, wenn ich einen Freund etwas erzähle, dieser erzählt es weiter usw?
Stimmt immer alles, was mir andere erzählen?

Der kleine und der große Nikolaus

Anna spielt Nikolaus. Sie zieht Mamas rote Jacke an und krempelt die Ärmel hoch. Einen weißen Rauschebart hat sie aus Watte und Klebestreifen gebastelt. Nun noch die rote Mütze, die Stiefel und der Sack, der eigentlich ein Turnbeutel ist, und fertig ist der Anna-Nikolaus.
"Eine Rute brauche ich nicht", sagt Anna. "Ich bin ein lieber Nikolaus."
"Fein", meint Mama, "und was macht ein lieber Nikolaus?"
Anna geht zur Tür. "Dem Nikolaus helfen. Ist doch klar!"
"Und wohin geht der Nikolaus?", fragt Mama, die wieder mal alles ganz genau wissen will.

"Das ist ein Nikolausgeheimnis", sagt Anna, die Mama wieder mal nicht alles verraten will.

"Aha", sagt Mama, "und wenn dir unterwegs der echte Nikolaus begegnet?"

Anna grinst. "Der wird einen schönen Schrecken kriegen", sagt sie und macht sich schnell aus dem Staub.

Auf der Straße ist es heute irgendwie anders als sonst. So geheimnisvoll!

Weil Nikolaustag ist?

Anna schnuppert.

"Es riecht auch anders", findet sie. "Nach Nebeldunst, Lebkuchen, Mandarinen und so. Schön ist das."

Und weil sich Anna heute auch so irgendwie anders fühlt, fängt sie an zu singen:

"Von drauß' vom Walde komm ich her, ich muss euch sagen, es nikolaust sehr ..."

Die Leute lachen über den kleinen Nikolaus. Sie greifen in ihre Einkaufstaschen und füllen Annas Turnsack mit Schokolade, Bonbons, Nüssen, Orangen und anderen leckeren Dingen.

"So ein Nikolaus hat's gut", freut sich Anna. Singend läuft sie weiter. Erst als es dämmert, denkt sie wieder an Mama.

"Au weia!" Anna saust los. Sie beeilt sich, aber der Turnsack auf ihrem Rücken wird beim Laufen immer schwerer.

Anna fängt an zu schwitzen, doch gleich hat sie es geschafft. Die Kurve noch, dann...!

Da, plötzlich, rempelt sie gegen einen seltsamen, rot-weiß gekleideten Kerl.

"Hoppla!", sagt der Rotweiße.

"Ho-ho-hoppla", stottert Anna und starrt auf den Fremden mit dem roten Mantel und dem weißen Lockenbart, die Kapuze tief im Gesicht. Aaaber das ist doch d-d-der Nikolaus...!?

"Wer bist du denn?", fragt da der Fremde auch schon.

Anna erschrickt. "D-d-der k-k-kleine Nikolaus", flüstert sie.

"Soso", brummt der Fremde. "Du bist also der kleine Nikolaus! Das trifft sich gut. Sag, möchtest du mich begleiten?"

Er deutet auf das Haus, in dem Anna wohnt. "Hier wartet Anna nämlich schon auf uns!"

Was nun? Anna möchte weglaufen, doch da nimmt sie der Nikolaus an der Hand.

"Los", sagt er freundlich.

Annas Eltern staunen nicht schlecht, als zwei Niköläuse vor ihnen stehen.

"Anna ist nicht da", sagen sie. "Tut uns leid."
"So etwas aber auch!", wundert sich der Nikolaus. Er wendet sich zum Anna-Nikolaus. "Was machen wir denn nun?"
"P-pech für Anna", sagt Anna kleinlaut.
In ihrem Kopf aber kreiseln die Gedanken.
Was soll sie tun? "Ich-bin-Anna!" rufen? Vielleicht würde der Nikolaus böse sein? Aber wenn sie nichts sagte, würde er wieder gehen mit den Geschenken in seinem Sack. Das will Anna auch nicht. Es ist zu dumm!
Anna überlegt fieberhaft. Dann hat sie eine Idee:
"Die zwei da", sagt sie und deutet auf ihre Eltern, "freuen sich auch riesig auf Geschenke.
Der Nikolaus ist ein wenig überrascht. "Meinst du?"
"Bestimmt", sagt Anna, und ihre Eltern nicken eifrig mit den Köpfen. "Aber klar!", rufen sie.
"Prima", sagt der kleine Anna-Nikolaus. "Aber zuerst müsst ihr uns ein Lied vorsingen!"
Annas Eltern gucken erst ein bisschen komisch, dann fangen sie an zu singen:
"Heute kommen zwei Nikoläuse, kommen mit ihren Gaben..." singt Annas Mutter mit hoher Stimme, und ihr Vater brummt ein tiefes "Lalala" dazu, weil er den Text vergessen hat.
Ganz schön komisch klingt dieser Gesang, und die beiden Nikoläuse müssen lachen.
"Singen wir nicht gut genug?", fragt Annas Vater ängstlich.
"Doch, doch!", sagt der Anna-Nikolaus großmütig. "Wir lachen nur, weil..."
Sie weiß nicht mehr weiter.
"... weil uns euer Lied so sehr freut!", sagt da der große Nikolaus schnell. Dann packt er seinen Sack aus.

© Elke Bräunling, **www.elkeskindergeschichten.de**

Wenn wir Weihnachtsplätzchen backen

Text: Rolf Krenzer; Musik: Stephen Janetzko; CD "Und wieder brennt die Kerze"
© Edition SEEBÄR-Musik Stephen Janetzko, www.kinderliederhits.de

Tempo: ca. 192

Refrain: Wenn wir Weihnachtsplätzchen backen, müssen alle mit anpacken, weil doch jeder, wie ihr wisst, so gern Weihnachtsplätzchen isst. Mutti, Mutti, Mutti, jetzt krieg bloß keinen Schreck! Was wir zuletzt gebacken haben, ist schon wieder weg! Mutti, Mutti, Mutti, der Plätzchen-topf ist leer! Da müssen doch vor Weihnachten noch neue Plätzchen her!
Da müssen doch vor Weihnachten noch neue Plätzchen her!

1. Mit Zucker, Butter, Milch und Mehl fängt man zu kneten an.
Und Backpulver kommt in den Teig, damit er gehen kann.
Nun rollt ihn aus bei euch zu Haus,
und stecht dann aus dem Teig die schönsten Plätzchen aus!

Refrain.

2. Sind dann die Plätzchen auf dem Blech, stellt gleich den Ofen an,
damit ein jedes Plätzchen dann schön knusprig backen kann.
Nun ruht euch aus. Doch wenn`s zu Haus
ganz doll nach Plätzchen riecht, dann holt sie schnell heraus.

Refrain.

3. Damit die Plätzchen gut verwahrt und vor uns sicher sind,
versteckt sie Mutti irgendwo, geschwind vor jedem Kind.
Schnell zugedeckt und gut versteckt,
eh´ Mutti sich versieht, hat jeder sie entdeckt!

Refrain.

Rohe Plätzchen

Der Advent ist die Zeit des Plätzchen- Backens. Aber - muss wirklich alles gebacken werden? Ist es nicht zu schade für die leckeren Zutaten? Die Nüsse, die Trockenfrüchte, den Honig? Kindern macht es auch Freude, die Zutaten klein zu schneiden, in der Schüssel zu mischen, durchzukneten, schließlich kleine Bälle zu formen und diese zwischen den Handballen zu kleinen Keksen platt zu drücken. Die Plätzchen werden dann nur auf einem mit Backpapier ausgelegten Kuchengitter bei niedriger Temperatur in den Backofen geschoben und getrocknet. In diesen „Kraftpaketen" haben wir nach dem Trocknen noch alles, was die Natur für uns hinein gepackt hat.

Rohe Kokostaler

Zutaten :
- 1 ½ Teelöffel Honig
- 2-3 Esslöffel warmes Wasser
- 80 g Kokosraspel
- 40 g gemahlene Mandeln

So geht's:
Honig und Wasser vermischen, die andern Zutaten zugeben und verkneten. Kleine Bällchen formen und zwischen den Handballen flach drücken. Einen Kochlöffel in die Backofentür stecken, die Plätzchen bei 50° oder im Trockengerät trocknen.

Rohe Schokotaler

Zutaten :
- 160 g gemahlene Mandeln
- 40 g Kokosflocken
- 1 mittelgroße Banane - zerdrückt
- 1 Esslöffel Zitronensaft

- 1 Esslöffel Kakao
- 2 Teelöffel Zimt
- ¼ Teelöffel Muskatnuss

So geht's:
Plätzchen herstellen wie bei den Kokosmakronen beschrieben.

Butterplätzchen

Das Allerwichtigste beim Plätzchenbacken ist für Kinder das Ausstechen!

Zutaten :
- 400 g Mehl
- 200 g Butter
- 150 g Zucker
- 1 ganzes Ei
- 1 Eigelb
- Klarsichtfolie
- Ausstechförmchen
- 1 Eigelb zum Bestreichen
- Hagelzucker, bunte Streusel, Schokostreusel o. Ä.

So geht's:
Alle Zutaten verkneten. Den Teig in Folie wickeln und 1 Stunde kühl stellen. Auswellen und Plätzchen ausstechen. Mit Eigelb bestreichen. Mit Hagelzucker, bunten Streuseln, Hagelzucker o. Ä. bestreuen.
Im vorgeheizten Backofen bei 180° Heißluft etwa 15 Minuten backen.

Schokoladenplätzchen

Zutaten :
- 200 g Mehl
- 60 g Stärke
- 1 Teelöffel Backpulver

- 100 g Zucker
- 1 Ei
- 150 g Butter oder Margarine
- 100 g Blockschokolade
- Klarsichtfolie

So geht's:
Die Blockschokolade mit dem Küchenmesser zerkleinern (das macht am besten ein Erwachsener).
Alle Zutaten zu einem Teig zusammen kneten. Zu Rollen von etwa 3cm Dicke formen, in Folie wickeln und 1 Stunde kühl stellen.
In etwa 2 cm dicke Scheiben schneiden und mit Abstand auf ein mit Backpapier ausgelegtes Blech legen.
Im vorgeheizten Backofen bei 180° ca. 15 Minuten backen.

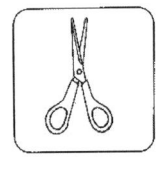

Plätzchen aus Salzteig für die Puppenküche

Material für die Puppenküche wird immer gebraucht! Für Kinder ab 3 Jahren können die Gegenstände aus Salzteig hergestellt werden.

Material :
- 2 Tassen Mehl
- 1 Tasse Salz
- 1 Tasse Wasser
- Wellholz
- Ausstechförmchen
- Flüssigfarben
- Pinsel
- Klarlack

So geht's:
Die Zutaten verkneten. Den Salzteig auswellen und mit den Förmchen Plätzchen ausstechen. Trocknen lassen.
Nach Wunsch bunt bemalen. Nach dem Trocknen mit Klarlack bestreichen und damit haltbarer machen.
Natürlich dürfen die Plätzchen nicht angeknabbert werden!

Fühlspiel mit den Salzteigplätzchen

Eine Spielvariante für jüngere Kinder, die es nicht mögen, wenn ihre Augen verbunden werden.

Material:
- Plätzchen aus Salzteig in verschiedenen Formen
- 2 kleine Tücher

So geht's:
Die Plätzchen auf eines der Tücher legen. Mit dem zweiten Tuch zudecken. Alle Tücher mit den Plätzchen dazwischen einmal rundherum drehen. Jetzt liegen die Plätzchen an einer anderen Stelle, als es sich die Kinder haben merken können.
Ein Kind fasst unter das Tuch. Es fühlt das gefundene Plätzchen und beschreibt es. Ist es ein runder Mont, ein Stern, ein Tannenbaum..? Nach dem Raten zieht es das Plätzchen unter dem Tuch vor. Hat es richtig geraten? Anschließend kommt ein anders Kind an die Reihe.

Versteckspiel mit Salzteigplätzchen

Bei schlechtem Wetter kann man auch in der Einrichtung Verstecken spielen. Dabei verstecken sich nicht die Kinder, sondern sie suchen selbst gemachte Salzteigplätzchen.

Material:

Plätzchen aus Salzteig
- Weihnachtsplätzchen

So geht's:
Die Kinder verlassen den Raum. Der Erwachsene versteckt eine bestimmte Anzahl von Salzteig- Plätzchen.

Wer findet die meisten Plätzchen? Anschließend können sie gegen echte Plätzchen getauscht werden und die Kinder essen zusammen.

Variation:
- Die Kinder schneiden viele gleiche Sterne aus, die versteckt und gesucht werden. Wie viele sind es? Wer kann sie zählen? Wenn die Kinder denken, dass sie alle gefunden haben, werden die Sterne gezählt. Eventuell geht die Suche anschließend weiter.
- Jedes Kind sucht sich einen Gegenstand in der Einrichtung, der ihm im Advent gut gefällt oder wichtig ist. Das kann eine Kerze vom Esstisch sein, ein kleiner Tannenzweig, ein selbst gebastelter Stern. Jedes Kind stellt seinen Gegenstand vor und erzählt dabei, warum ihm dieser gefällt oder wichtig ist.
- Der Erwachsene versteckt einen der Gegenstände, die Kinder suchen.
- So werden nach und nach einige der Gegenstände versteckt und gesucht.
- Die Gegenstände, die noch nicht gesucht wurden, werden genau angeschaut. Wie viele sind es? Sie werden zusammen in der letzten Runde versteckt und gesucht.

Geschmackspiel

Wie lecker schmecken Rosinen, getrocknete Äpfel und Birnen! Können die Kinder aber erkennen, was sie essen, ohne es zu sehen?

Material:

- Obst und Trockenfrüchte
- Teller
- Küchenmesser
- Tuch

So geht's:
Die Kinder sehen sich das Obst und die Trockenfrüchte an. Wer weiß, wie die einzelnen heißen?
Einem Kind werden die Augen verbunden. Es bekommt ein Stückchen Obst oder ein Stück Trockenfrucht gereicht. Kann es schmecken, was es gerade isst?
Nach dem Erraten sucht es sich das nächste Kind aus.

Tipp

Nur Obst oder Trockenfrüchte verwenden, keine Nüsse. Es ist sicherer, wenn Kinder in der Kita keine Nüsse essen. Sie könnten sich leicht verschlucken.

Duftspiel

Wer kann Obst und Gewürze am Duft erkennen?

Material:

- Orangen
- Zitronen
- Zimtpulver und Zimtstange
- Nelkenpulver und ganze Nelken
- Lebkuchengewürz
- Küchenmesser
- Schneidbrett
- Kaugummidosen

So geht's:
Orangen und Zitronen klein schneiden. Obststücke und Gewürze in je eine leere Kaugummidose füllen.
Zuerst riechen die Kinder an allen Dosen und besprechen, welchen Duft sie erkannt haben. Alle Deckel zu machen.
Ein Kind schließt die Augen. Das andere hält ihm eine offene Dose unter die Nase. Kann es riechen, was sich in der Dose befindet?
Nach jedem Versuch wechseln.

Christa Baumann/Stephen Janetzko

Niko-, Niko-, Nikolaus

Text und Musik: Stephen Janetzko; CD "Und wieder brennt die Kerze"
© Edition SEEBÄR-Musik Stephen Janetzko, www.kinderliederhits.de

Tempo: ca. 200

Refrain: Ni-ko-, Ni-ko-, Ni-ko-laus, wann kommst du in un-ser Haus?
Sag, wann bist du end-lich da? Wir wolln mit dir fei-ern! fei-ern - ja!

1. Schon so lan-ge wart ich hier, dass du klopfst an mei-ne Tür. End-lich ha-ben wir Ad-vent, und die ers-te Ker-ze brennt.
Ja, ich freu mich schon da-rauf, stel-le mei-nen Tel-ler auf. Lus-tig, lus-tig, tral-la-la - bald schon ist dein A-bend da.

Refrain: Niko-, Niko-, Nikolaus...

2. Auf dem Rücken huckepack trägst du einen dicken Sack.
Du hast - das gefällt mir auch - einen kugelrunden Bauch.
Schöne Sachen bringst du mit, machst uns großen Appetit;
Apfelsine, Haselnuss sind für uns ein Hochgenuss!

Refrain: Niko-, Niko-, Nikolaus...

3. Dann zum Abschied winkst du mir, sagst, bald bist du wieder hier.
Doch das dauert glatt ein Jahr, dann erst bist du wieder da!
Kalt ist dir von Kopf bis Zeh, du ziehst weiter durch den Schnee.
Und wir singen dir ein Lied - alle singen ganz laut mit:

Refrain: Niko-, Niko-, Nikolaus...

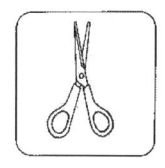

Filzstiefel für den Nikolaus nähen

Natürlich braucht der Nikolaus eine Möglichkeit, um seine Geschenke abzugeben. Er legt sie nicht einfach auf die Treppenstufen oder die Fensterbank. Oft werden Säckchen verwendet, die nach der Feier in die Einrichtung zurück gebracht werden. Oder die Kinder putzen am Tag zuvor ihre im Kindergarten deponierten Gummistiefel.
Kinder ab etwa 5 Jahren können diesen Stiefel nähen.

Material:
- Butterbrotpapier
- Bleistift
- Pappe
- dunkler Filzstift
- Schere
- Filz
- Schere
- dünnes Nähgarn
- Stopfnadel
- dünne Wolle
- Alleskleber

So geht's:
Den Stiefel mit Butterbrotpapier abpausen und ausschneiden. Auf die Pappe legen, mit dem Bleistift umrunden und ausschneiden. Den Filz doppelt legen. Den Pappstiefel darauf legen, mit dem Filzstift nachzeichnen und ausschneiden.
Der Erwachsene fixiert die beiden Teile mit groben Stichen.
Das Kind näht die Teile mit Wolle und stumpfer Nadel am Rand zusammen. Oben bleibt der Stiefel offen.
Motive auf den Filz aufzeichnen (z.B. Apfel, Nüsse, Tannenbaum), ausschneiden und auf das Säckchen kleben. Dabei darauf achten, dass der Kleber nicht bis zur Rückseite durchdrückt. Sonst wäre der Stiefel zusammen geklebt und der Nikolaus könnte ihn nicht füllen.

Christa Baumann/Stephen Janetzko

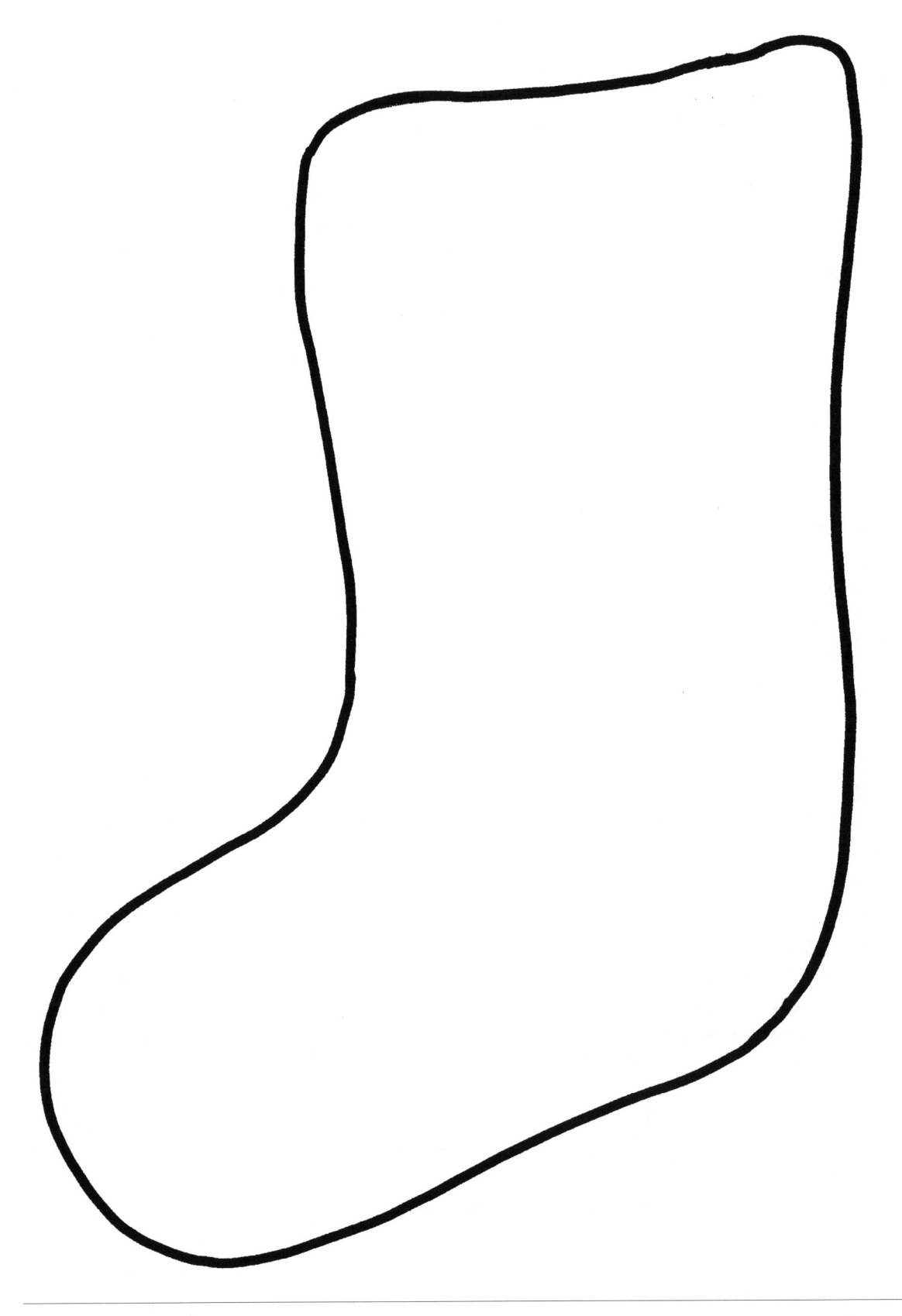

Nikolauskostüm im Kreis anprobieren

Der Nikolaus trägt keine Jeans wie Papa. Entweder er hat seinen roten „Arbeitsmantel" oder sein weißes Bischofsgewand an. Dann trägt er auf dem Kopf eine Mitra, in der Hand hält er den Hirtenstab.
Jüngere Kinder werden sich eventuell doch ängstigen, wenn der Nikolaus in diesem Gewand vor ihnen steht. Hier hat es sich bewährt, dass die Erzieherin das Kostüm vor dem Besuch mitbringt, die Kinder den Stoff fühlen können und dass die Erzieherin das Kostüm anzieht. Wie schnell ist dann trotzdem aus Frau Meier der Nikolaus geworden! Wichtig ist auch, die Mitra vorzustellen. Wer trägt eine solche Kopfbedeckung, welches Amt führt er aus? Der Hirtenstab ist für die Kinder sicher einfacher zu verstehen. Vielleicht haben sie schon einmal eine Schafherde gesehen und wissen, wozu der Hirte seinen Stab braucht.

Nikolausfeiern in der Kita

Wahrscheinlich feiert jeder Kindergarten den Nikolaustag. Und sicher hat dabei jede Einrichtung ihre eigenen Rituale. Oft sind es Abläufe, die sich in den letzten Jahren bewährt haben, die vom Träger gewünscht oder vom Elternbeirat gestaltet werden möchten.
Allgemeingültige Rezepte für die Vorbereitung auf diesen Tag, für die Durchführung dieses Festes oder eines Gottesdienstes gibt es sicher nicht. Lassen Sie sich von den hier aufgeführten Ideen inspirieren und picken Sie sich das heraus, was für Ihre Einrichtung passt.

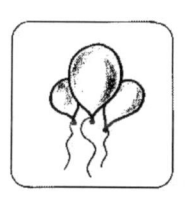

Der Nikolaus besucht die Kinder

In der Regel besucht der Nikolaus alle Kinder der Einrichtung. Selten wird er Zeit haben, mehrmals in kleinen Gruppen zu feiern. So warten alle Kinder im großen Kreis auf ihn. Nach einer guten Vorbereitung wird es hoffentlich nur wenige Kinder geben, die sich ängstigen, wenn der Nikolaus kommt. Sollte es doch Kinder geben, die unsicher werden, können sie schnell auf dem Schoß einer Erzieherin beobachten, was nun passiert.

Vorbereitungen:
- In den Tagen zuvor mit den Kindern Weihnachtsplätzchen backen, vor der Feier auf Platten verteilen.
- Stiefel mit den Kindern putzen oder Stiefel, Säckchen o. ä. herstellen oder die Säckchen, die jedes Jahr verwendet werden, hervorholen.
- Geschenke für die Kinder in einen Bollerwagen packen, zudecken und so vor der Tür deponieren, dass die Kinder ihn beim Ankommen nicht sehen (eventuell gibt es einen zweiten Eingang, durch den auch der Nikolaus kommt und von wo er den Wagen mitbringen kann).
- Kinderpunsch herstellen und warm halten.
- „Goldenes Buch" vorbereiten: ein dickes Buch in Goldfolie einpacken. Ein Blatt Papier hinein legen. Darauf steht alles, was der Nikolaus wissen muss und was er an die Kinder weitergeben soll: was war im letzten Jahr besonders gut? Was müssen die Kinder noch üben? Worüber hat er sich besonders gefreut?
- Stuhlkreis stellen.
- Einen großen Stuhl für den Nikolaus in den Stuhlkreis stellen
- Adventskranz in die Mitte des Kreises stellen, einen Eimer mit Wasser dazu (oder Feuerlöscher, Löschdecke).
- Geschenk für den Nikolaus vorbereiten und bereit halten.
- Eventuell Liedblätter für die Erzieherinnen zurecht legen.
- Kamera bereit legen (bestimmt möchten die Kinder Fotos vom Besuch des Nikolaus ins Portfolio kleben und dabei viel erzählen können).

Ablauf der Feier:
Die Kinder nehmen im Stuhlkreis Platz. Ein Erwachsener nimmt den Nikolaus außerhalb der Sichtweite der Kinder in Empfang. Vielleicht kommt er in Alltagskleidung und möchte sich erst umziehen. Die Erzieherinnen im Kreis bekommen Rückmeldung, wenn er fertig ist und die Feier beginnen kann.
Nachdem ein Nikolauslied gesungen wurde, läutet es an der Tür, der Nikolaus kommt! Er schaut sich um, begrüßt die Kinder und Erzieherinnen und setzt sich auf seinen Stuhl.
Aus seinem Goldenen Buch liest er vor, was sich seit seinem letzten Besuch zugetragen hat. Stimmt es, dass der Baubereich immer sehr unaufgeräumt aussieht? Kann es sein, dass sich die großen Jungs und Mädchen ständig zanken? Und stimmt es, dass die Größeren aber den Jüngeren beim Anziehen helfen und sie beim Naturtag im

Bollerwagen ziehen, wenn diese nicht mehr wandern können? Viele Fragen des Nikolaus werden die Kinder nicht sonderlich gern beantworten, über andere werden sie sich freuen. Er hält aber seinen Dialog mit den Kindern recht neutral, schließlich kennt er sie nicht und kann niemanden besonders hervor heben. Denn alle Kinder können manche Dinge nicht so gut, anderes aber ausgezeichnet!

Nach seinem Gespräch mit den Kindern und einem weiteren Lied hilft ein Erwachsener beim Verteilen der Geschenke. Vielleicht wünscht sich der Nikolaus zum Schluss ein Lied, bevor er sich wieder verabschiedet.

Bei Kinderpunsch und Weihnachtsgebäck klingt die Feier aus.

Nach dieser Anstrengung ziehen sich die Kinder gern an und toben sich ein bisschen im Freien aus, bevor sie nach Hause gehen.

Nikolauspunsch aus rotem Tee und Orangensaft

Zutaten:
- 1 l Früchtetee
- Glühweingewürz
- 1 Esslöffel Honig
- 1 l Orangensaft

Zubereitung:
Früchtetee zubereiten. Mit Glühweingewürz aufkochen und ziehen lassen.
Das Gewürz entfernen, Honig zugeben und alles verrühren. Orangensaft zugeben und nochmals erwärmen.

Winterpunsch für die Erwachsenen

Zutaten:
- ½ l starker Schwarztee
- 1 Orangensaft
- 1 Zitronensaft
- 100 g Zucker
- ¼ l Rum

- 2 Flaschen Rotwein
- 1 Stück Stangenzimt
- 3 Nelken

Zubereitung:
Alle Zutaten mischen, bis kurz vor dem Kochen erhitzen, etwas ziehen lassen. Die Gewürze entfernen.
Das Rezept ist für 8 Personen berechnet.

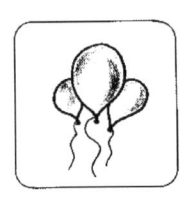

Der Nikolaus besucht Kinder und Großeltern

Sehr dankbare Besucher in der Kita sind die Großeltern. Gern kommen sei von weit her, um mit ihrem Enkelkind zu feiern. Dabei lernen sie die Kinder und Erzieherinnen kennen, die ihnen aus den Erzählungen des Enkels bereits bekannt sind.
Für diese Besucher müssen eventuell große Stühle in den Stuhlkreis integriert werden.

Vorbereitungen:
- In den Tagen zuvor mit den Kindern Weihnachtsplätzchen backen, vor der Feier auf Platten verteilen.
- Einladungen an die Großeltern verfassen. Die Eltern werden gebeten, diese an die Großeltern weiter zu geben. Da sehr viele Personen erwartet werden, eventuell auf der Einladung anfragen, wer Kuchen backen und mitbringen kann.
- Ein kleines Geschenk für die Großeltern basteln. Die Kinder, die leider keinen Besuch mitbringen können, nehmen das Geschenk für die Großeltern mit nach Hause und schicken es vielleicht hin oder sie schenken es den Eltern.
- Stiefel mit den Kindern putzen oder Stiefel, Säckchen o. ä. herstellen oder die Säckchen, die jedes Jahr verwendet werden, hervorholen.
- Geschenke für die Kinder in einen Bollerwagen packen, zudecken und so vor der Tür deponieren, dass die Kinder ihn beim Ankommen nicht sehen (eventuell gibt es einen zweiten Eingang, durch den auch der Nikolaus kommt und von wo er den Wagen mitbringen kann).
- Kinderpunsch herstellen und warm halten.
- „Goldenes Buch" vorbereiten: ein dickes Buch in Goldfolie einpacken. Ein Blatt Papier hinein legen. Darauf steht alles, was der Nikolaus wissen muss und was er an die Kinder weitergeben soll: was war im letzten Jahr besonders gut? Was müssen die Kinder noch üben? Worüber hat er sich besonders gefreut?

- Stuhlkreis stellen.
- Einen großen Stuhl für den Nikolaus in den Stuhlkreis stellen
- Adventskranz in die Mitte des Kreises stellen, einen Eimer mit Wasser dazu (oder Feuerlöscher, Löschdecke).
- Geschenk für den Nikolaus vorbereiten und bereit halten.
- Liedblätter für Großeltern und Erzieherinnen zurecht legen.
- Kamera bereit legen (bestimmt möchten die Kinder Fotos vom Besuch des Nikolaus ins Portfolio kleben).

Ablauf der Feier:
Diese Feier kann genau so ablaufen wie oben beschrieben. Der Nikolaus wird sicher auf die Großeltern eingehen. Vielleicht mag einer der Gäste erzählen, wie es früher war, als der Nikolaus kam?
Im Anschluss an die Feier trinken die Großeltern mit den Kindern Nikolauspunsch und essen Weihnachtsgebäck und Kuchen.
Vielleicht haben die Kinder noch Zeit, den Großeltern die Einrichtung zu zeigen und vielleicht noch ein bisschen zu spielen?

Gefalteter Nikolaus im Bilderrahmen

Ein Geschenk, das bei den Großeltern nicht viel Platz beansprucht, nicht im Schrank verstaubt und immer gut zu sehen ist.
Es ist auch für jüngere Kinder leicht zu meistern.

Material:
- rotes Papier
- Schere
- kleiner Bilderrahmen
- hautfarbenes Papier
- Alleskleber
- Filzstifte
- Watte

So geht's:
Das rote Papier so groß quadratisch zuschneiden, dass der fertige Nikolaus gut in den

Bilderrahmen passt. Den Nikolaus falten und umdrehen.

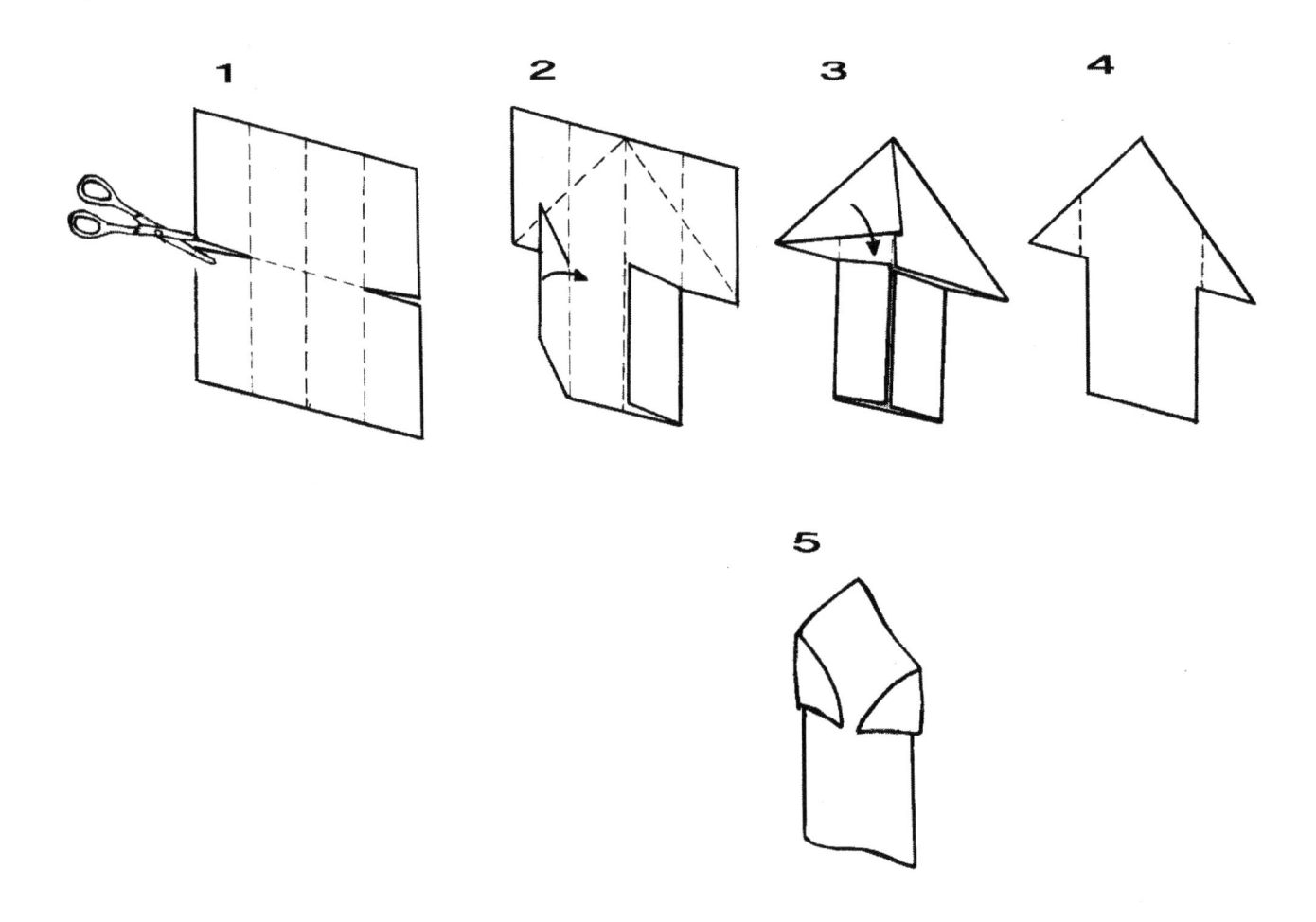

Hautfarbenes Papier zuschneiden und als Gesicht aufkleben. Die Augen malen und einen Bart aus Watte ankleben. In den Bilderrahmen kleben.

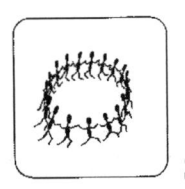

Schuhsalat

Ein Spiel, das Kinder seit Generationen lieben – und das besonders zur Nikolauszeit!

Material:

- Decke
- die Hausschuhe der Kinder

So geht's:
Die Kinder legen ihre Hausschuhe auf einen Haufen. Er wird mit der Decke abgedeckt. Ein Kind wird ausgezählt und tastet mit der Hand unter der Decke nach einem Schuh. Es fühlt und versucht heraus zu finden, wem dieser Schuh gehört. Kann es dies erkennen? Wenn nicht, dann holt das Kind den Schuh heraus und gemeinsam überlegen alle Kinder, wem er gehört.
Der Besitzer des heraus geholten Hausschuhs kommt anschließend an die Reihe.

Wetterregel erforschen

Wetterregeln basieren auf sehr langer Erfahrung und stimmen sehr oft. Die Regel vom Nikolaustag ist sehr einfach zu verstehen und lässt sich gut beobachten.

Material:
- rotes Papier
- Schere
- Watte
- Filzstifte
- kleiner Bilderrahmen
- Alleskleber
- Silberfolie

So geht's:
Den Nikolaus falten, ausgestalten und unten in den Rahmen kleben. Oben die Wetterregel schreiben:

Regnet es an Nikolaus,
wird der Winter streng – ein Graus!
Ringsum auf den Rahmen viele kleine Regentropfen aus Silberfolie ausschneiden und aufkleben.
Das Bild mit dem Nikolaus aufhängen, eventuell an passender Stelle neben den Kalender nach Montessori.

Nikolaus, Nikolaus, komm zu mir nach Haus

Text: Rolf Krenzer; Musik: Stephen Janetzko; CD "Und wieder brennt die Kerze"
© Edition SEEBÄR-Musik Stephen Janetzko, www.kinderliederhits.de

Tempo: ca. 180

1. Ni-ko-laus, Ni-ko-laus, komm zu mir nach Haus.
Schau so lang schon nach dir aus, halt' es nicht mehr län-ger aus.
Ni-ko-laus, Ni-ko-laus, komm zu mir nach Haus.

2. Nikolaus, Nikolaus, komm zu mir nach Haus.
   Stelle meine Schuh´ heraus!
   Findest du auch unser Haus?
   Nikolaus, Nikolaus, komm zu mir nach Haus.

3. Nikolaus, Nikolaus, komm zu mir nach Haus.
   Sag, hast du an mich gedacht
   und mir etwas mitgebracht?
   Nikolaus, Nikolaus, komm zu mir nach Haus.

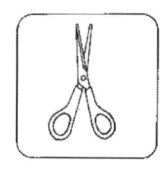

Nikolaus mit gefalteter Mitra

Die gefaltete Mitra findet man oft als Tischdekoration auf den Tellern, aus Servietten gefaltet.
Hier wird die Mitra aufgeklebt, dann das Gesicht und der Körper des Nikolaus gemalt.

Material:
- weißes Papier
- Schere
- buntes Papier
- Alleskleber
- Stifte

So geht's:
Das Papier quadratisch zuschneiden und falten. Auf buntes Papier kleben. Mit den Stiften den Nikolaus fertig malen.

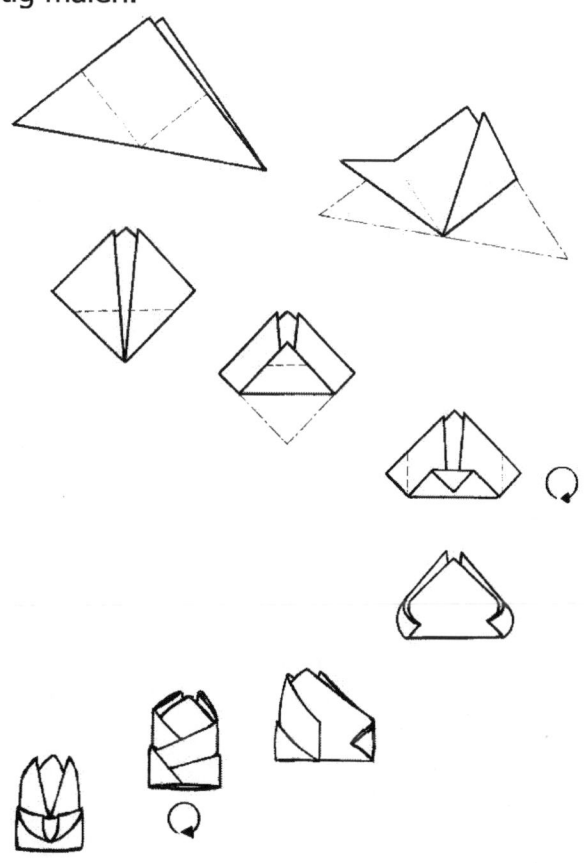

Bild weben

Kinder ab etwa 5 Jahren können gut weben. Bei diesem Bild ist ein Stück starke Bastelfolie eingewebt.

Material:
- Karton
- Schere
- Wollreste
- Webnadel
- starke Bastelfolie

So geht's:
Aus dem Karton ein Rechteck in beliebiger Größe zuschneiden. An den Schmalseiten kleine Schlitze einschneiden. Wolle als Kettfäden einziehen.
Das Kind webt ein paar Reihen. Dann werden die Webreihen in der Mitte ein bisschen auseinander gezogen und ein Stück Bastelfolie eingeschoben. So weit weben, dass die Nadel gerade noch durchgeschoben werden kann. Das Gewebe vom Karton abnehmen. Die Fäden vernähen.

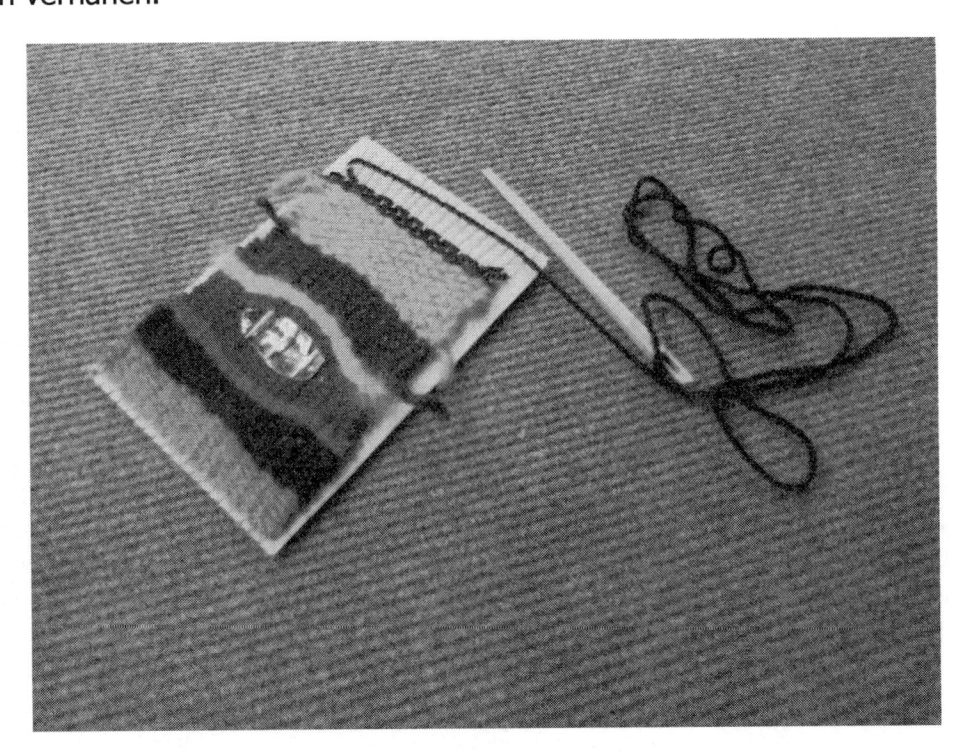

Nikolauskarte spritzen

Spritzen mit einer Zahnbürste und einem Sieb können schon jüngere Kinder, wenn sie ein fertiges Motiv zur Verfügung haben. Ältere zeichnen sich den Nikolaus auf und schneiden ihn aus.

Material :
- Tonpapier in hellem Farbton
- Schneidemaschine
- Kartonrest
- Bleistift
- Schere
- Malkittel
- Zeitungspapier
- weißes Papier
- Wasserfarben
- alte Zahnbürste
- Spritzsieb
- Pinsel
- Klebestift

So geht's:
Aus dem Tonpapier Karten in DIN A5 schneiden und zusammen falten. Aus dem weißen Papier Karten in DIN A6 schneiden.
Ältere Kinder zeichnen sich den Nikolaus auf die Pappe und schneiden ihn aus. Jüngeren Kindern muss der Nikolaus eventuell mit einer Büroklammer auf der Karte befestigt werden, damit er nicht zur Seite rutschen kann.
Den Tisch mit Zeitungspapier abdecken und einen Malkittel anziehen.
Den Nikolaus auf die Tonpapierkarte legen. Etwas Wasserfarbe anrühren. Mit der Zahnbürste Farbe aufnehmen. Das Spritzsieb über den Nikolaus halten, mit der Zahnbürste darüber streichen. Es sollen gleichmäßig verteilt kleine Tröpfchen Farbe auf das Papier fallen.
Den Nikolaus vorsichtig nach oben herunter heben. Er ist jetzt in der Farbe der Karte zu sehen.
Gut trocknen lassen.

Weihnachtskarte mit Weihnachtsbaum

Sehr plastisch wirken aufgeklebte Motive aus Filz.

Material :
- Tonpapier in hellem Farbton
- Schneidemaschine
- Filzreste
- Filzstift
- Schere
- Alleskleber
- sehr kleine rote Perlen

So geht's:
Aus dem Tonpapier Karten in DIN A5 schneiden und zusammen falten. Den Weihnachtsbaum auf den doppelt gelegten Filzrest malen (siehe Vorlage) und ausschneiden. Auseinander gefaltet auf die Karte kleben. Die kleinen roten Perlen als Kugeln auf den Weihnachtsbaum kleben.

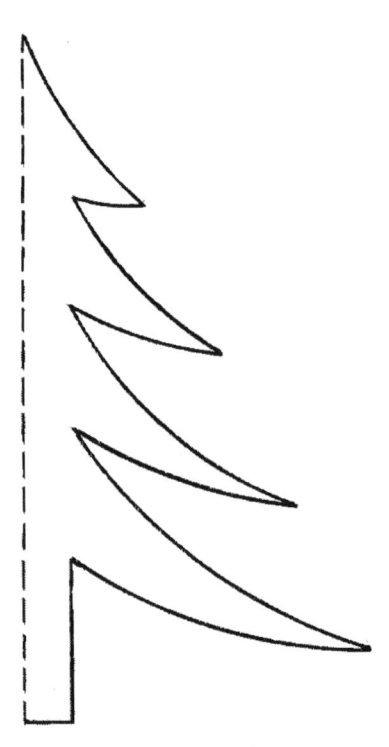

Die Jule spielt ein Weihnachtslied

Text: Rolf Krenzer; Musik: Stephen Janetzko; CD "Und wieder brennt die Kerze"
© Edition SEEBÄR-Musik Stephen Janetzko, www.kinderliederhits.de

Tempo: ca. 192

1. Die Jule spielt ein Weihnachtslied, ein Lied auf ihrer Flöte. Die
Doch leider schon beim fünften Ton, da hat sie große Nöte. Die
Mutter ruft: "Mein liebes Kind, du spielst so falsch wie neulich. Das
tut ja in den Ohren weh! Spiel doch nicht so abscheulich!
Abscheulich, abscheulich, spiel doch nicht so abscheulich!
Abscheulich, abscheulich, spiel doch nicht so abscheulich!"

2. Die Jule spielt ihr Weihnachtslied, wer will es ihr verwehren? "Kommt", spielt sie, weil sie es so mag, "und lasst uns Christum ehren!"
Ihr Bruder schreit: "Da ist was falsch!" Da sagt die Jule kläglich: "Ich spiel`s doch ab vom Notenblatt! Der fünfte Ton ist schrecklich!
Ist schrecklich, so schrecklich! Der fünfte Ton ist schrecklich! Ist schrecklich, so schrecklich! Der fünfte Ton ist schrecklich!"

3. Nicht nur bei "Christum" stimmt was nicht! Auch noch bei "Herz" und "Sinnen".
"Ich muß bis "lasst" und "wertes Volk" nochmal von vorn beginnen."
Die Jule spielt ihr Weihnachtslied. Als Vater kommt nach Hause, sagt er: "Du nervst, mein liebes Kind! Mach endlich mal ´ne Pause!
´Ne Pause! ´Ne Pause! Mach endlich mal ´ne Pause! ´Ne Pause! ´Ne Pause! Mach endlich mal ´ne Pause!"

4. Da sieht er, dass die Jule weint, weil er es ihr verboten. Drum sagt er freundlich: "Komm mal her und zeig mir deine Noten!"
"Aha!", sagt er, "Mein liebes Kind, jetzt sei nicht länger traurig. Hier steht ein b. Du spielst das h. Drum klingt es auch so schaurig!
So schaurig! So schaurig! Drum klingt es auch so schaurig! So schaurig! So schaurig! Drum klingt es auch so schaurig!"

5. "Das ist ein b!", sagt Julchen da und nickt ernst und beklommen. "Im Flötenunterricht sind wir zum b noch nicht gekommen!"
Ihr Vater lacht und holt sogleich dann seine eigne Flöte. "Wir spielen jetzt zusammen! Schau, schon hast du keine Nöte!
Nie Nöte! Nie Nöte! Schon hast du keine Nöte! Nie Nöte! Nie Nöte! Schon hast du keine Nöte!"

6. "Du spielst die schöne Melodie. Du kannst das wie kein Zweiter! Doch kommt ein b, dann bist du still! Und ich spiel für dich weiter.
Dann spielst du wieder Melodie. Sie ist so schön und wichtig. Du stoppst beim b! Dann bin ich dran! Und schon wird alles richtig!
Ganz richtig! Ganz richtig! Und schon wird alles richtig! Ganz richtig! Ganz richtig! Und schon wird alles richtig!

7. Jetzt braucht sich über Jules Spiel kein Mensch mehr zu beschweren.
"Kommt", spielt sie froh, weil Vati hilft, "und lasst uns Christum ehren!"
Die Jule spielt ein Weihnachtslied, ein Lied auf ihrer Flöte. Vom ersten bis zum letzten Ton, da hat sie keine Nöte.
Mit Tönen und Flöte, da hat sie keine Nöte. Mit Tönen und Flöte, da hat sie keine Nöte.

Das von Jule gespielte Weihnachtslied heißt "Kommt und lasst uns Christum ehren"
- Text: Paul Gerhardt; Musik: 14. Jahrhundert/ Breslau 1555; Tempo: ca. 150

Tempo: ca. 150

1. Kommt und lasst uns Christum ehren, Herz und Sinnen zu ihm kehren; singet fröhlich, lasst euch hören, wertes Volk der Christenheit.

Jules Flötenspiel als Pantomime

Manches große Kindergartenkind geht zur musikalischen Früherziehung und kennt die Situation von Jule. Sie gibt sich alle erdenkliche Mühe, spielt das Lied vom Notenblatt ab und doch klingt es scheußlich. In der Pantomime können die Kinder alle ihre Gefühle dazu mit ihrem Körper zum Ausdruck bringen.

Material:
- CD-Player
- CD
- Notenständer
- Notenblatt

So geht's:
Die Kinder besprechen, wer von ihnen welche Rolle übernehmen will. Ein Kind übernimmt das Starten des Liedes auf der CD.
Jule kommt von der Seite, stellt den Notenständer hin, legt das Notenblatt darauf. Das Lied beginnt und sie tut, als spiele sie Flöte. Nach und nach kommen die andern Personen dazu und agieren.
Die Kinder üben das Rollenspiel erst ohne Zuschauer. Später können sie ihre Freunde einladen und ihnen zeigen, wie Jule es mit Hilfe von Papa schafft, das Weihnachtslied richtig zu spiele.

Noten und Notenschlüssel prickeln

Sicher kennen die Kinder Notenblätter. Sie wissen, was es auf sich hat, wenn die Noten sehr weit oben und unten auf den Linien sitzen. Besonders angetan hat es Kindern oft der Notenschlüssel. Dieses Zeichen erscheint kompliziert. Wenn sie es einmal ausgeprickelt haben, dann können sie es gut nachmalen.

Material:
- schwarzer Papierrest
- weißer Farbstift
- Prickelnadel und –Unterlage
- buntes Papier DIN A4
- Alleskleber

So geht's:
Der Erwachsene zeichnet Notenschlüssel und Noten auf das schwarze Papier. Die Kinder prickeln es aus. Anschließend kleben sie es auf das bunte Papier.

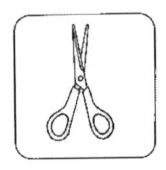

Über einen Notenschlüssel gehen

Wer kann mit geschlossenen Augen über einen großen Notenschlüssel gehen?

Material:
- großer Karton
- Cutter
- dicker Filzstift
- Rest von einem dicken Tau oder mehrere alte Seile
- Schnur
- Schere
- Heißkleber

So geht's:
Der Erwachsene schneidet mit dem Cutter den Karton auseinander. Glatt auf den Boden legen und zu einer großen Fläche zuschneiden.
Mit dem dicken Filzstift einen Notenschlüssel auf den Karton zeichnen, eventuell mit Bleistift vormalen.
Alte Seile mit der Schnur zu einem Bündel zusammen binden. Die einzelnen Teile so ineinander verdrehen, dass ein dickes Tau entsteht. Sind die Schnüre zu kurz und müssen weitere Schnüre fest gemacht werden, dann können sie ein Stück übereinander gelegt und mit einem Stück Schnur umwickelt werden.
Das Tau stückweise mit Heißkleber auf den Karton kleben. Trocknen lassen.

Spielweise:
Die Kinder gehen mit offenen Augen über den Notenschlüssel. Wer kann dann mit geschlossenen Augen über das Seil gehen?

Tipp
Als Fühlspiel eignet sich ein Notenschlüssel, bei dem ein dünnes Seil auf einen Karton mit der Größe DIN A3 geklebt wird.

Weihnachtsmann, du tust mir leid

Text: Rolf Krenzer; Musik: Stephen Janetzko; CD "Und wieder brennt die Kerze"
© Edition SEEBÄR-Musik Stephen Janetzko, www.kinderliederhits.de

Tempo: ca. 168

1. Weihnachtsmann, du tust mir leid! Du musst schaffen und dich plagen, immer mehr Pakete tragen, jetzt zur Weihnachtszeit, jetzt zur Weihnachtszeit.

2. Weihnachtsstress jetzt immerzu!
Hör´ dich stöhnen, hör´ dich schnaufen, Treppen rauf und runter laufen
ohne Rast und Ruh, ohne Rast und Ruh.

3. Du schickst keinen andern her!
Nein, das wär´ dir zu gewöhnlich! Kommst zu jedem höchstpersönlich,
fällt es dir auch schwer, fällt es dir auch schwer.

4. Du, ich helf dir Weihnachtsmann!
Brauchst mir nur etwas zu sagen, ich komm´ gleich und helfe tragen
und pack´ kräftig an, ich pack kräftig an!

5. Wäre manches noch so schwer,
brauchtest du dich nicht zu schinden! Einer vorn und einer hinten
schleppten wir es her, schleppten wir es her!

6. Sieh nur: Ich bin stark und fit!
Und ich bringe noch die Esther, das ist meine kleine Schwester,
zur Verstärkung mit, zur Verstärkung mit.

7. Weihnachtsmann, das wär´ nicht dumm!
Denn die Zeit, die man sonst wartet, bis dann die Bescherung startet,
ging´ so schnell herum, ging´ so schnell herum!

Lügengeschichte

Eine Lügengeschichte macht Spaß! Die Kinder freuen sich, wenn sie der Lüge auf die Spur kommen, rufen laut und können sich kaum halten vor Lachen!

So geht's:
Lesen Sie die Geschichte bis zu einer Lüge vor und machen Sie dann eine Pause. Vielleicht brauchen die Kinder einen Moment, bis sie erkannt haben, dass hier etwas nicht stimmen kann!

Die Geschichte:
Es war Winter. Die Sonne schien hell vom Himmel herunter und es war sehr, sehr kalt. Laura und Tim warteten auf den Nikolaus. Jeden Montag kam er bei ihnen vorbei. Dann klingelte er an der Wohnungstür, gab ihnen eine Handvoll Erdbeeren und schon war er wieder verschwunden.
Natürlich kam der Nikolaus nicht jeden Montag – und Erdbeeren brachte er auch nicht mit. Nein, der Nikolaus kam nur einmal im Jahr, am 6. Dezember. Heute war der 5. Dezember. Laura und Tim brauchten nur noch dreimal zu schlafen. Klar, sie mussten nur noch einmal schlafen, denn morgen war der Nikolaustag. Laura und Tim putzten ihre Stiefel. Sie nahmen die Zahnbürste und putzten ganz gemütlich.
Nein, nicht die Zahnbürste: sie nahmen die Schuhbürste. Draußen auf dem Balkon standen die beiden und froren ein bisschen. Denn die Sonne schien hell und es war sehr, sehr warm.
Natürlich war es sehr kalt! Laura und Tim hatten ihre Anoraks angezogen, dazu die Mützen. Nur die Handschuhe hatte Mama wieder in die Schublade gelegt.
„Die Schuhe sind schmutzig. Putzt bitte ohne Wollhandschuhe. Und wascht euch dann die Hände."
Das war jetzt keine Lüge! Laura und Tim putzten wirklich ohne Handschuhe. Sie beeilten sich sehr, bürsteten von links nach rechts und von rechts nach links. So lange, bis die Stiefel richtig blitzblank waren. Dann stellten sie die Stiefel in den Kühlschrank und gingen ins Bett.
Logisch: in den Kühlschrank kommen die Stiefel nicht, sie werden vor die .... (Tür) gestellt!
Weißt du jetzt, was du am Abend vor dem Nikolaustag tun kannst?

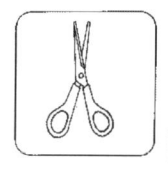

Nikolaus als Tischdekoration

Vielen Erzieherinnen ist er aus der Kindheit bekannt: der Apfelnikolaus. Genaue Größenangaben gibt es nicht, denn die Äpfel haben unterschiedliche Größen. Es macht den Kinder Spaß, ein Stückchen Glanzpapier zuzuschneiden und auszuprobieren, ob der Hut in der Größe passt oder ob er kleiner oder größer geschnitten werden muss.

Material:
- 1 Zahnstocher
- 1 rotbackiger Apfel
- 1 Walnuss
- Glanzpapier in rot
- Schere
- Alleskleber
- Watte
- Filzstift

So geht's:
Den Zahnstocher auseinander brechen. Die Spitze in die Nuss stecken, das abgebrochene Ende dort in den Apfel, wo sich die Blüte befunden hat.
Aus dem Glanzpapier einen Halbkreis zuschneiden, mit Alleskleber zu einem Hütchen zusammen kleben. Auf den Kopf kleben. Ein Stück Watte als Bart ankleben, einen kleinen Watteball formen und auf die Spitze des Hutes kleben.
Auf die Nuss mit Filzstift das Gesicht des Nikolaus malen.

Scherzfragen

Scherzfrage fordern Kinder heraus. Wer erkennt die Zusammenhänge?

Wie kommt der Nikolaus: mit dem Bus oder dem Flugzeug oder... ?
Wie viele Erwachsene können sich im Nikolaussack verstecken?

Warum trägt der Nikolaus keine Badehose?
Musst du die Stiefel putzen oder das Planschbecken, bevor der Nikolaus kommt?
Singst du dem Nikolaus ein Osterlied vor?

Der Korbwächter

Ein Spiel, bei dem die Kinder wie der Weihnachtsmann rennen und hetzen!

Material:
- großer Korb
- viele schwere Bälle
- Eieruhr

So geht's:
Ein Kind wird ausgesucht. Es ist der Wächter des Korbes und soll dafür sorgen, dass er immer leer ist.
Alle Bälle liegen im Korb. Die Eieruhr wird auf eine Minute gestellt. Auf ein Zeichen beginnt der Wächter, alle Bälle aus dem Korb zu werfen. Die andern Kinder sammeln sie blitzschnell auf und tragen sie zurück in den Korb. Klingelt die Eieruhr, so bleiben alle stehen – kein Ball fliegt mehr oder wird zurück gebracht.
Wer hat gewonnen: der Wächter oder die anderen Kinder?
Zum nächsten Durchgang bestimmt der Wächter seinen Nachfolger.

Tipp

Nach dem Spiel treffen sich alle Kinder im Sitzkreis und berichten:
Wie fühlten sich die Kinder, die Wächter waren?
Wie erging es den anderen Kindern?
Tun ihnen die Arme vom Tragen der schweren Bälle weh?
Wie fühlte sich das Hetzen an?

Wobei erleben es die Kinder im Alltag?
Woher kommt dieses hohe Tempo und das Beeilen?
Finden die Kinder das immer gut?
Wann finden sie Beeilen und Hetzen besonders schlimm?
Würden sie das gerne ändern?
Ist das möglich?

Das Feld frei halten

Eine Variante des vorherigen Spieles.
Es geht wieder darum, schnell zu laufen, die Bälle blitzschnell aufzuheben und weg zu schaffen.

Material:
- Zauberschnur oder lange Seile
- viele schwere Bälle

So geht's:
Der Raum wird mit Hilfe der Zauberschnur oder der Seile in zwei Hälften geteilt. Die Kinder verteilen sich gleichmäßig. Die Bälle werden ebenso in beiden Hälften verteilt.
Auf ein Zeichen beginnen die Kinder, die Bälle ins andere Feld zu werfen.
Auf ein erneutes Signal bleiben alle Kinder stehen.
Wer hat zu diesem Zeitpunkt die wenigsten Bälle in seinem Raum?
Auch nach diesem Spiel können sich die Kinder zum Erfahrungsaustausch treffen.

Christa Baumann/Stephen Janetzko

Lied von den verschwundenen Weihnachtsplätzchen

Text: Rolf Krenzer; Musik: Stephen Janetzko; CD "Und wieder brennt die Kerze"
© Edition SEEBÄR-Musik Stephen Janetzko, www.kinderliederhits.de
Tempo: ca. 200

1. "Wo sind denn die Weihnachtsplätzchen?", fragt Mama beklommen.
"Wo sind denn die Weihnachtsplätzchen alle hingekommen?
Alle meine Weihnachtsplätzchen, sicher mehr als hundert!
Wo sind nur die Weihnachtsplätzchen?", fragt Mama verwundert.

Refrain: All die schönen Weihnachtsplätzchen! Sagt, wo sind sie nur?
Wer kennt zu den Weihnachtsplätzchen nur die heiße Spur?

2. "Benedikt!", so sagt sie plötzlich und bleibt vor mir stehen.
"Hast du meine Weihnachtsplätzchen irgendwo gesehen?"
"Mutti", frage ich bedächtig, "Sagtest du: Fast hundert?
Über hundert Weihnachtsplätzchen?", frage ich verwundert.

3. "Benedikt, wo sind die Plätzchen?" O, wie ist das peinlich!
"So viel hab´ ich nicht gegessen! Sei doch nicht so kleinlich!"
"Martin, meine Weihnachtsplätzchen?" Papa sagt verwundert:
"Fünf bis zehn hab´ ich gegessen, aber niemals hundert!"

4. "Doro, wo sind meine Plätzchen?" "Sven ist doch gekommen.
Und ich habe ein paar Plätzchen für ihn mitgenommen!
Du warst leider nicht zuhause. So konnt´ ich nicht fragen.
Darum wollt´ ich eben grade dir noch alles sagen!"

5. "Opa, wo sind meine Plätzchen?" "Gar keins tat ich essen.
Wenn es aus Versehn geschah, hab´ ich es vergessen!"
"Kater Carlo! Meine Plätzchen!" Doch der stellt sich dumm,
und er wendet sich zur Seite und beleidigt um.

6. "Über hundert Weihnachtsplätzchen!" Mama kann`s nicht fassen.
Niemals werd´ ich wieder Plätzchen hier herumstehn lassen!"
Du bist selber schuld!", sagt Oma, und sie lächelt weise.
"Du darfst keinem was verraten, weder laut noch leise!

Schlussrefrain: Weil vor Weihnachten die Plätzchen stets am besten schmecken,
muss man sie vor allen Leuten immerzu verstecken.
Weil vor Weihnachten die Plätzchen stets am besten schmecken,
muss man sie vor allen Leuten immerzu verstecken." Lalalala...

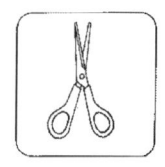

Bilderbuch von den verschwundenen Plätzchen

Die Geschichte von Mama, die ihre über hundert Plätzchen sucht, lässt sich wunderbar als gemeinsames Bilderbuch gestalten.

Material:
- buntes Papier DIN A4
- Malpapier DIN A4
- Wachskreide, Malstifte, Filzstifte oder Wasserfarben
- nach Wunsch Glitzerstifte o. Ä.
- Laminiergerät und –Folien
- Locher
- Wolle
- Schere

So geht's:
Die Kinder besprechen, wer von ihnen welche Szene aus dem Lied malen möchte. Sie können z.B. die gemalten Plätzchen glitzernd ausgestalten.
Wer malt das Deckblatt aus buntem Papier?
Auf die Rückseite können alle Namen der beteiligten Kinder geschrieben werden.
Die fertigen Bilder, das Deckblatt und die Rückseite werden laminiert.
Ein Kind fertigt aus der Wolle eine Kordel an. Sie wird durch die gelochten Seiten gezogen und zusammen geknotet.

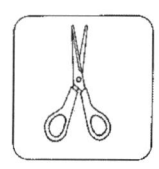

Kordel drehen

Material:
- Wolle
- Schere
- Malstift

So geht's:
Die Länge der benötigten Kordel abmessen. Zum Drehen brauchen wir die fünffache Länge. Dieses Stück abschneiden und zusammen knoten. Über eine Türklinke hängen

und stamm ziehen. Den Stift hinein stecken und immer in eine Richtung drehen. Ist die Wolle sehr fest gewickelt, wir das Ende vom Stift herunter genommen und ebenfalls an die Türklinke gehängt. Jetzt alles nach unten ausstreichen. Alle Fäden am Ende verknoten und alles überstehende abschneiden.

Spielmaterial herstellen: Wie viel ist hundert?

Gern erzählen Kinder, wenn sie eine große Menge meinen, von „hundert" oder „tausend" oder gar „hundertmillionentausend". Eine genauere Vorstellung der Menge von hundert erhalten sie bei einem selbst hergestellten Spiel.

Material:
- buntes Papier DIN A4
- Motivstanzer aus dem Kreativbereich, z.B. Stern, Weihnachtsbaum
- Materialschale

So geht's:
Die Kinder stanzen viele Motive und legen sie nach Form und Farbe getrennt in die Materialschalen.

Spiel: Wie viel ist hundert?

Zum Spielen treffen sich alle im Bodenkreis.

Material:
- ausgestanzte Motive in Materialschalen, nach Farbe und Form getrennt

So geht's:
Die Kinder suchen sich ein bestimmtes Material aus, z.B. die grünen Tannenbäume. Eines beginnt und legt 10 Tannenbäume auf einen Haufen. Das nächste macht weiter. Reichen nicht alle Motive einer Farbe oder Form aus, so werden andere dazu genommen.
Zwischendurch werden die Haufen gezählt. Sind es 10, so beginnt das Zählen der

Motive im Zehnerbereich (10, 20…). Dabei werden die kleinen Haufen zu einem großen zusammen geschoben. Liegen noch kleine Haufen auf dem Tisch, dann können anschließend 10 Stück und 100 Stück verglichen werden. Dass 100 Tannenbäume viel mehr als 10 sind, erkennen die Kinder nun auf einen Blick.

Variante:
- es können die Motive einer Farbe gezählt werden
- oder alle gleichen Motive

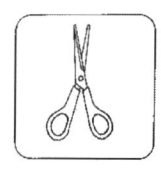

Poster: Hundert Weihnachtsplätzchen

Material:
- Tonpapierreste
- Motivstanzer aus dem Kreativbereich, z.B. Stern, Weihnachtsbaum
- Materialschale
- großer Bogen Tonpapier
- Malstifte
- Klebestifte

So geht's:
Zuerst müssen 100 Motive ausgestanzt und nach und nach zu jeweils 10 Stück in 10 Materialschalen gesammelt werden. Jede mit 10 Motiven gefüllte Schale wird dabei zur Seite gestellt. Anhand der leeren und vollen Schalen sehen die Kinder, wie weit sie schon gekommen sind und sie sehen, wenn sie genug Motive getanzt haben.
Ein Kind malt eine große Gebäckdose auf das Tonpapier. Anschließend kleben alle miteinander die vielen Weihnachtsplätzchen in die „Dose". Haben zum Schluss alle darin Platz oder liegen auch welche daneben?

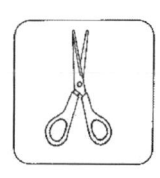

Wunschzettel gestalten

Natürlich spielen für die Kinder die Geschenke an Weihnachten eine große Rolle. Wie soll das Christkind aber wissen, welche Wünsche ein Kind hat? Ein Wunschzettel, der gemeinsam mit anderen Kindern gebastelt wird, bietet viele Sprechimpulse: Warum wünscht sich ein Kind zum Beispiel ein Trampolin? Macht das Springen so viel Spaß? Ein anderes Kind wünscht sich einen Hund. Wie stellt es sich ein Leben mit diesem Tier vor? Was wird sich ändern? Kann ein anderes Kind von seinen Erfahrungen berichten?

Material:
- buntes Papier in DIN A4
- viele Zeitschriften und Kataloge
- Schere
- Klebestift

So geht's:
Die Kinder durchforsten die Zeitschriften und Kataloge. Sie suchen Fotos oder Zeichnungen ihrer Wünsche. Diese schneiden sie aus und kleben sie auf das bunte Papier.
Die fertigen Wunschzettel müssen natürlich von den Eltern bewundert werden! Vielleicht möchten die Kinder die Wunschzettel ans Christkind schicken? Im Internet gibt es dazu verschiedene Adressen.

Weihnachtskarten in Reibetechnik

Selbst gemachte Weihnachtskarten sind bei allen Familien willkommen.

Material :
- Tonpapier
- Schneidemaschine
- Kartonrest
- Bleistift
- Schere
- buntes Papier in DIN A6
- Wachskreide
- Klebestift

So geht's:
Aus dem Tonpapier Karten in DIN A5 schneiden und zusammen falten.

Auf den Karton ein Päckchen mit einer Schleife malen und auf ein Stück Karton in DIN A 6 kleben.

Diese Karte unter ein zugeschnittenes buntes Papier legen. Gut festhalten und mit Wachskreide darüber reiben. Das erhobene Päckchen darunter erscheint jetzt auf dem Papier. Das Papier ringsum etwas abschneiden und auf die Vorderseite einer Doppelkarte kleben.

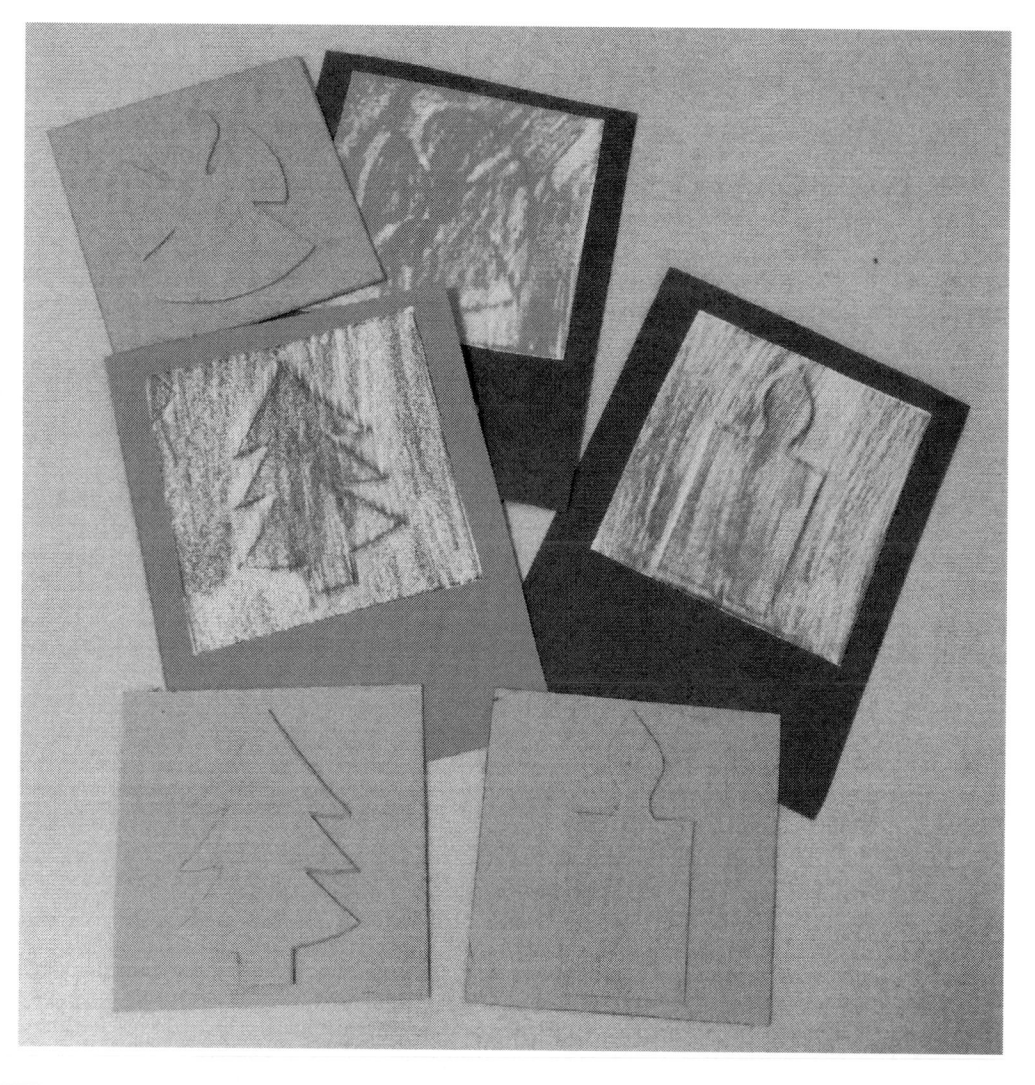

Tipp

Als Motive eignen sich auch: Kerze, Stern, Tannenbaum oder Engel.

Mit der gleichen Technik lassen sich Geschenkanhänger herstellen. Dabei alles in der halben Größe ausführen.
An der linken oberen Ecke ein Loch einstanzen, ein Band durchziehen und verknoten. Den Namen des Beschenkten auf die Innenseite schreiben und den Anhänger am Päckchen fest machen.

Ein Adventskranz für die Paulsens

Im letzten Jahr hatte es bei den Paulsens keinen Adventskranz gegeben. Oma war sehr krank gewesen und musste viele Wochen im Krankenhaus bleiben. Vor lauter Sorgen um Oma hatten Mara, Max, Mama und Papa keine Lust auf Adventslichter und Tannenzweige gehabt. Dieses Jahr aber soll die Adventszeit wieder so schön gemütlich und weihnachtlich sein wie früher. Das haben sich auch Mara und Max vorgenommen, und jeder hat sich heimlich eine besondere Adventsüberraschung ausgedacht.
So kommt es, dass am Sonntag vier Adventskränze auf dem Tisch stehen. Von Papa ein Kranz aus Tannenzweigen mit roten Kerzen und Schleifen, von Mama ein Kranz aus hellen Weidenruten, verziert mit Hagebutten, roten Beeren und weißen Kerzen. Mara hat einen Kranz aus Kiefernzapfen gebastelt und ihn mit gelben Kerzen und glitzernden Sternchen geschmückt. Auch Max ist nicht faul gewesen. Aus Draht hat er seinen Kranz geformt und zu vier blauen Kerzen viele bunte Überraschungsei-Figuren in das Drahtgeflecht gesteckt.
Toll sehen sie aus, die vier Adventskränze! Die Paulsens staunen nicht schlecht.
„Oha!", sagt Mama. „Dieses Jahr ist er wirklich da, der Advent."
„Gleich vier Mal!", kichert Mara.
„Hoho! Wenn wir an jedem dieser Kränze nur eine Kerze anzünden", überlegt Max, „wäre es ja bald schon Weihnachten. Weil dann nämlich vier Adventskranzkerzen brennen würden."
„Träumer!" Papa grinst. „Und was machen wir nun mit dieser Pracht? Vier Kränze für eine Familie. Sind das nicht zu viele?"
„Ich habe eine Idee", überlegt Mara. „Onkel Pfeiffer von nebenan hat bestimmt vergessen, dass heute erster Adventssonntag ist. Ich schenke ihm meinen Kranz."
„Au ja", ruft Max. „Und ich bringe meinen Kranz zu Umbo. Der ist

neu in unsere Klasse gekommen. Aus Nigeria."

„Und meinen Kranz nehme ich morgen mit ins Büro. Dann werden die Kollegen staunen." Papa nickt zufrieden.

„Und wem schenke ich meinen Adventskranz?" Mama hat vor lauter Nachdenken rote Ohren bekommen.

„Niemandem", rufen Mara, Max und Papa schnell. „Denn behalten wir. Sonst haben wir ja wieder keinen Kranz mehr."

„Stimmt. Wie gedankenlos von mir!" Mama lächelt.

Dann räumen Mara, Max und Papa ihre Kränze zur Seite, decken den Frühstückstisch und zünden feierlich die erste Kerze an Mamas Adventskranz an.

Da läutet es an der Haustür. Es sind Oma und Opa mit einem großen Adventskranz aus frisch duftendem Tannengrün und einem Korb voller Plätzchen, Adventskuchen und Nüssen.

„Weil Advent im letzten Jahr ausgefallen ist", sagt Oma, „dachten wir …"

Sie kommt nicht weiter, weil alle laut und fröhlich lachen.

© Elke Bräunling, **www.elkeskindergeschichten.de**

Christa Baumann/Stephen Janetzko

Treppauf, treppab
(Wer kann das gewesen sein?)

Text: Rolf Krenzer; Musik: Stephen Janetzko; CD "Und wieder brennt die Kerze"
© Edition SEEBÄR-Musik Stephen Janetzko, www.kinderliederhits.de

Tempo: ca. 162

1. Bist du heut Nacht mal auf-ge-wacht? Sag, hast du was ge-hört? Sag,
war da was? So ir-gend-was? Sag, hat dich was ge-stört? Lei-se Schrit-te!
Schwe-re Trit-te! (1 - 2 - 3...) Refrain: Trepp-auf, trepp-ab, tap
tap tap tap, ins Weih-nachts-zim-mer und hi-naus. Trepp-auf, trepp-ab, tap
tap tap tap, so ging's heut Nacht durch's Haus.

2. War Mutti das? Wars Vatis Bass? Besuch irgendwoher?
Dazwischen war dann auch noch was. Noch nachts Besuch? Und wer?
Leise Schritte! Schwere Tritte! 1-2-3...

Refrain.

3. Schlaf ein, wenn du dann morgen früh gut ausgeschlafen bist,
dann sag ich dir, wer bei uns hier nachts dagewesen ist.
Leise Schritte! Schwere Tritte! 1-2-3...

Refrain.

Weihnachtsbaumanhänger bemalen

Material :
- Zeitungspapier
- Malkittel
- Astscheiben mit etwa 5cm Durchmesser
- Bleistift
- Wasserfarbe
- Pinsel
- Geschenkband
- Schere
- kleine Öse
- Alleskleber

So geht's:
Den Tisch mit Zeitungspapier abdecken und Malkittel anziehen.
Mit Bleistift ein Motiv auf beide Seiten der Astscheibe zeichnen. Das könnte ein Stern sein, eine Glocke, ein Nikolausgesicht... Eventuell in mehreren Schritten arbeiten und die Farbe zwischendurch trocknen lassen. Mit Alleskleber eine kleine Öse aufkleben. Eventuell mit der entsprechenden Farbe übermalen, damit sie nicht auffällt.
Ein Stück Geschenkband abschneiden und durch die Öse ziehen. Zusammenknoten.

Tipp:

Jüngere Kinder können die Astscheibe auf der Vorder- und der Rückseite mit Wasserfarbe betupfen. Das kann in einem Farbton sein, aber auch kunterbunt. Bei verschiedenen Farben müssen die Kinder darauf achten, dass sie nur tupfen und die Farben nicht verstreichen. Sonst entsteht mit der Zeit eine braune Farbmischung.

Hör- Spiel

Wer kann Geräusche zuordnen?

Material:
- verschiedene Orff- Instrumente
- unterschiedliche Gegenstände aus der Einrichtung (Porzellanteller, Löffel, Metallschüssel, Schlüsselbund usw).
- großes Tuch
- kleineres Tuch zum Abdecken
- Schlafmaske aus dem Flugzeug oder Tuch
- Papiertaschentücher

So geht's:
Das große Tuch ausbreiten. Die Gegenstände nach und nach beschreiben, den Klang anhören und auf das Tuch legen.
Die Anzahl der Gegenstände richtet sich nach dem Alter der Kinder.

Spielweise:
Einem Kind werden die Augen verbunden (Papiertaschentuch einlegen). Ein anderes nimmt sich einen Gegenstand und lässt den Ton erklingen. Kann das andere hören, um welches Instrument es sich handelt oder welchen Gegenstand mit einem Löffel o. Ä. angeschlagen wurde??
Das Kind, welches geraten hat, bestimmt das nächste Kind, das an die Reihe kommt.

Weihnachtskarte kleben und stempeln

Material :
- Tonpapier
- Schneidemaschine
- Butterbrotpapier
- Bleistift
- Schere

- grüne Papierreste
- Klebestift
- Malkittel
- Wasserfarbe
- Pinsel

So geht's:
Aus dem Tonpapier Karten in DIN A5 schneiden und zusammen falten. Das Butterbrotpapier auf den Weihnachtsbaum (Seite 70) legen und abpausen. Das grüne Papier zusammen falten, den Weihnachtsbaum aufmalen und ausschneiden. Auf die Vorderseite der Karte kleben. Etwas trocknen lassen.
Den Malkittel anziehen. Wasserfarbe dick anrühren. Mit der Fingerspitze kleine bunte Kugeln an den Tannenbaum tupfen. Kerzen auf die Zweige malen.

Malen nach Musik

Wie sehen Bilder aus, die bei leiser und getragener oder lauter Popmusik gemalt werden?

Material:
- CD- Player
- CDs
- großes Malpapier
- Wachskreide

So geht's:
Die Kinder treffen sich im Kreis und hören zwei unterschiedliche Musikstücke. Einmal leise und getragen, vielleicht schließen sie dabei die Augen.
Anschließend suchen sie sich einen Platz im Raum. Das Musikstück wird wieder gespielt und die Kinder malen beidhändig zur Musik. Nach Fertigstellung legt jedes Kind sein Bild vor sich auf den Boden. Sie erzählen, wie es ihnen beim Malen ergangen ist.

Nach einer kurzen Pause hören die Kinder recht laute Popmusik und malen anschließend wieder. Danach berichten sie wieder von ihren Gefühlen beim Malen. Jetzt werden die ersten Bilder wieder verteilt und die Kinder legen sie nebeneinander. Was können sie jetzt berichten? Wie unterscheiden sich die Bilder? Zeigen sie, wie unterschiedlich sich die Kinder beim Hören gefühlt haben?

Flüstern- Schreien

Wie empfinden wir flüstern und schreien?

Material:
- mehrere rote und grüne Wachskreiden
- Säckchen
- Trillerpfeife

So geht's:
Halb so viele rote und halb so viele grüne Wachskreiden in das Säckchen füllen, wie Kinder mitspielen.
Jedes Kind zieht sich eine Wachskreide und findet sich in der roten oder der grünen Gruppe wieder.
Jede Gruppe sucht sich einen Platz und setzt sich auf den Boden. Auf das Signal der Trillerpfeife beginnt die rote Gruppe, sich anzuschreien, als wenn sie wütend oder ärgerlich wären.
Die grüne Gruppe flüstert sich leise etwas zu, gerade so, als wenn sie ein Geheimnis hätten. Nach einem Pfiff der Trillerpfeife wechseln die Gruppen ihre Lautstärke.
Nach einem weiteren Pfiff treffen sich alle im Kreis.

Fragen:
Welche Lautstärker war angenehmer?
Wo wird man flüstern?
Wie fühlt man sich dabei?
Wo möchte man gern schreien?
Wann tut es gut, zu schreien?
Oder wo ist es angebracht und nötig, zu schreien?
Wann kann man nicht flüstern?
Wo ist es unmöglich, zu schreien?

Es wird wieder Weihnacht sein
(Putzt die Fenster, Leut´!)

Text: Rolf Krenzer; Musik: Stephen Janetzko; CD "Und wieder brennt die Kerze"
© Edition SEEBÄR-Musik Stephen Janetzko, www.kinderliederhits.de

Tempo: ca. 100

1. Putzt die Fenster, Leut´! Gottes Sohn kommt heut, und er kommt zu uns herein. Macht die Tore breit, und die Herzen weit: Es wird wieder Weihnacht sein! Es wird wieder Weihnacht sein!

2. Kehrt die Stube, Leut´!
Gottes Sohn kommt heut.
Weihnachten ist nicht mehr weit
II: Macht die Tore breit
und die Herzen weit
für den Herrn der Herrlichkeit! :II

3. Kehrt die Straßen, Leut´!
Gottes Sohn kommt heut.
Viele Menschen warten schon.
II: Macht die Tore breit
und die Herzen weit
für den Herrn und Gottes Sohn! :II

4. Seid ihr fertig, Leut´?
Seid ihr jetzt bereit?
Seht, der König ist schon hier!
II: Macht die Tore breit
und die Herzen weit!
Geht und öffnet ihm die Tür! :II

Lied mit Bewegungen singen

Jedes Lied wird idealerweise zusammen mit Bewegungen gesungen. Der Text bleibt anfangs besser haften, die Erinnerung wird über die Bewegungen fester und es macht einfach noch mehr Spaß!

So geht's:
Die Kinder erlernen das Lied ohne Bewegungen. Vielleicht ist schon zu spüren, dass sie sich gern bewegen würden.
Anschließend überlegen die Kinder zu jeder Strophe, welche Bewegungen passen würden, singen die Strophe und probieren die Bewegungen dazu aus. Wie putzt man zum Beispiel Fenster? Wer hat das schon einmal gemacht? Was braucht man dazu?

Tipp

Im Anschluss kann besprochen werden, was schwierig zu verstehen ist:
- Was bedeutet ein enges Herz?
- Haben die Kinder beim Singen bemerkt, welche Bewegung dazu entstanden ist?
- Wann habe ich ein weites Herz?
- Und wann fühlt es sich weit an?
- Haben die Kinder Beispiele?
- Welches Gefühl ist gefällt ihnen besser?

Wenn die Kinder das Lied gut singen und die Bewegungen dazu umsetzen können, möchten sie vielleicht Zuschauer dazu einladen. Möchten sie mit ihnen den Test machen und das Lied erst ohne, dann mit Bewegungen singen? Wie werden sich die Zuschauer äußern? Was hat ihnen besser gefallen?

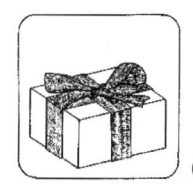

Großer Adventskalender mit Toren ans Fenster

Ein sehr großzügiger Adventskalender, der ein großes Fenster bedecken kann.

Material:
- Essigwasser
- Lappen
- Zeitungspapier
- Tonpapier
- Bleistift
- Schere
- weißes Transparentpapier
- Alleskleber
- Filzstifte
- Fotokleber
- angerührter Tapetenkleister
- Flüssigfarbe
- dicker Pinsel mit kurzen Borsten

So geht's:
Bevor der Adventskalender am Fenster gestaltet werden kann, müssen die Scheiben sauber sein. Wer hat das schon einmal gemacht? Mit Essigwasser, Lappen abwischen, mit zerknülltem Zeitungspapier trocken reiben.
Die Tore aufzeichnen, ausschneiden und die Toröffnung einschneiden. Auf die Rückseite ringsum das weiße Transparentpapier ankleben. Die Tore von vorn auseinander falten. Ein Motiv auf das Transparentpapier malen. Unter jeden Torbogen einen kleinen Tupfer Fotokleber geben und die Tore wieder schließen.
Die Tore mit Tapetenkleister ans Fenster kleben. Den Hintergrund mit Flüssigfarbe und Pinsel rund um die Tore auf das Fenster tupfen, möglichst nah um die Tore herum.

Spielweise:
Das Öffen des Tores in den adventlichen Tagesablauf integrieren. Nach dem Öffen vorsichtig über den Fotokleber reiben und diesen so entfernen.

Christa Baumann/Stephen Janetzko

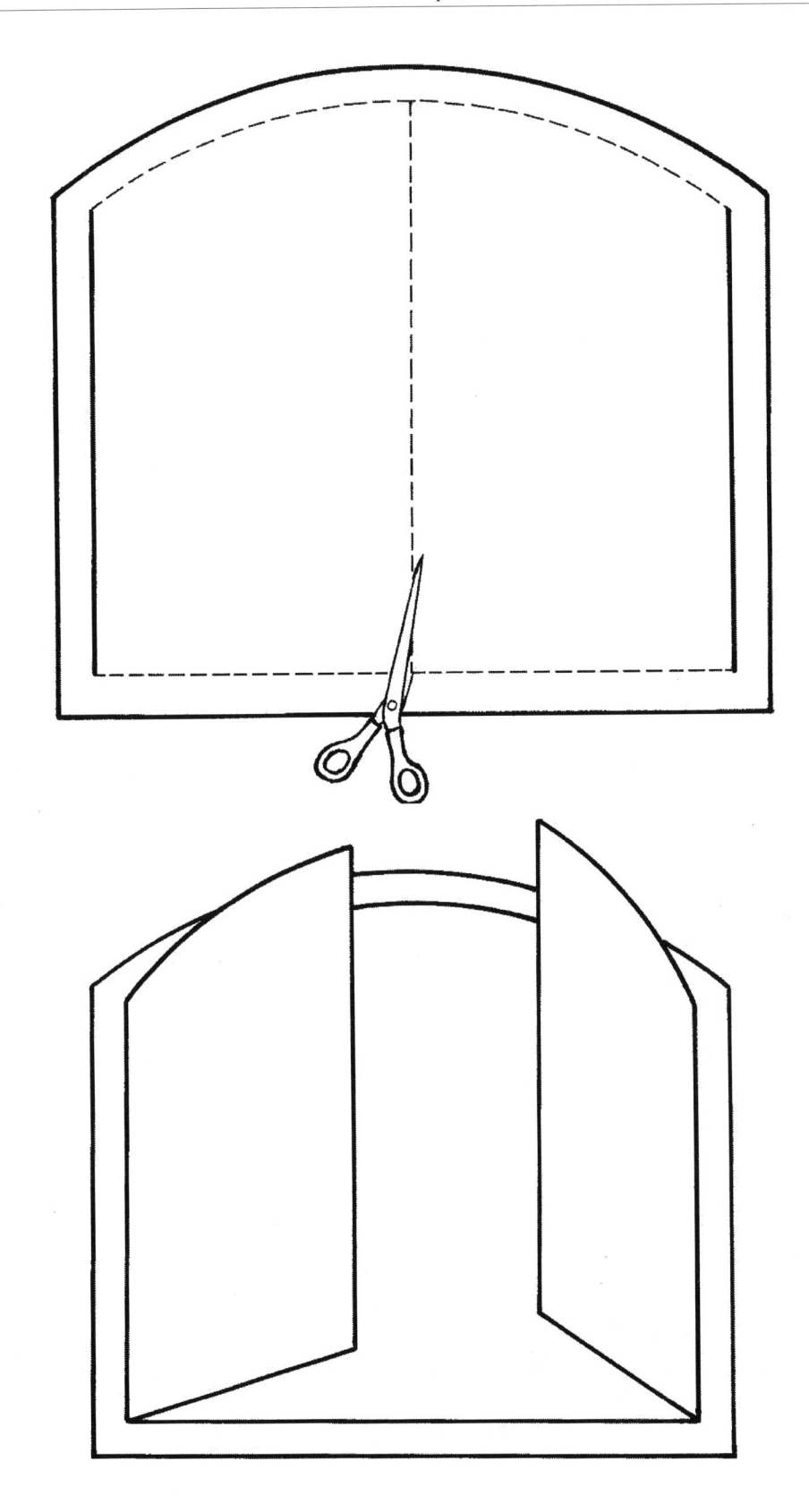

Pips, der Weihnachtshase

Am Rande des glitzerbunten Weihnachtsmarktes warten ein paar armselige Flohmarktstände mit alten Spielsachen, Büchern, Schallplatten, Geschirr und anderem Krimskrams auf Käufer. Wie alle anderen Weihnachtsmarktbesucher will auch Max achtlos an den Ständen vorbeigehen. Weil seine Eltern aber vor einem Bücherstapel Halt machen, bleibt Max nichts anderes übrig, als zu warten.
Ungeduldig tritt er von einem Fuß auf den anderen. Er kann es nicht abwarten, auf den Weihnachtsmarkt zu kommen. Dort glitzert und klingt es so schön nach Weihnachten. Hier aber war echt nichts los.
Max will gerade meckern, als er in der Spielzeugecke ein Auge aufblinken sieht. Es gehört zu einem Plüschhasen.
"Hallo!", sagt der Hase. "Nimmst du mich mit?"
"D-d-du kannst sprechen?", stammelt Max.
"Und wie!", sagt der Hase und kuschelt sich in Max´ Arme. „Hier möchte ich bleiben."
Max seufzt. "Es ist Advent. Was soll ich denn jetzt mit einem Osterhasen?"
"Oho", lacht der Hase. "Wusstest du nicht, dass es auch Adventshasen gibt? Und Weihnachtshasen auch? Zum Kuscheln und Schmusen, ach, wir Advents- und Weihnachtshasen können alles sein: Glückshasen, Gute-Nacht-Hasen, Zuhörhasen, Märchenhasen, Musikhasen..." Er nickt stolz. „Ja, ich kann sogar singen. Kannst mir glauben, ein echter Weihnachtshase bin ich. Und nun frage ich dich, was hat ein Weihnachtshase auf einem Flohmarkttisch zu suchen? Nichts. Kinderarme braucht er, warme Kuschelkinderarme. Sag, nimmst du mich jetzt mit?"
Max zögert. "Okay", antwortet er dann und drückt den Hasen an sich. "Ich werde dich Pips nennen."
"Okay", sagt Pips. "Und jetzt lass uns rasch gehen, bevor du es dir anders überlegst!"
Max geht zu seinen Eltern, die noch immer mit sehnsüchtigen Blicken in den alten Büchern blättern.
"Ich hätte da ein Weihnachtsgeschenk gefunden", sagt er vorsichtig.
"Fein", freut sich Mama. "Für wen denn?"
"Ei-eigentlich i-ist es für mich", sagt Max verlegen und zieht den Hasen hinter seinem Rücken hervor. "Das ist Pips, mein

Weihnachtshase."
Mama und Papa sehen Max an.
"Wie bitte? Dieser schmutzige Hasenzottel soll ein Weihnachtshase sein?"
"Klare Sache", brummt der Hase Pips, "und wenn Weihnachten vorüber ist, biete ich an, ein Faschingshase zu sein, ein Frühlingshase, ein Osterhase, ein Sommerhase, ein..."
"Halt, halt", ruft Mama. "Sag mal, du tolles Hasentier, was tut ein Weihnachtshase eigentlich so?"
"Märchen erzählen", antwortet Pips stolz. Ich kenne eintausendundzwei Märchen. Vielleicht auch ein paar mehr. Es sind Weihnachtsmärchen, Wintermärchen, Gruselmärchen, Gute-Nacht-Märchen, Gute-Morgen-Märchen..."
"Schon gut", ruft Papa. "Überredet. Du darfst mitkommen."
"Fein", freut sich Max. "Das ist das schönste Geschenk auf der Welt. Dann aber spürt er sein schlechtes Gewissen, weil er sich schon vor Weihnachten ein Geschenk erbettelt hat.
"Und ihr", sagt er schnell, "könnt euch diese alten Bücher schenken. Dann habt ihr auch etwas zum Freuen."
Er lacht. "Man soll sich in der Weihnachtszeit doch freuen, oder?"
Da müssen Mama und Papa auch lachen.
Am lautesten aber lacht Pips, der Oster- -pardon- Weihnachtshase.

©Elke Bräunling **http://www.elkeskindergeschichten.de**

Ach, Mutti, wann ist es soweit?

Text: Rolf Krenzer; Musik: Stephen Janetzko; CD "Und wieder brennt die Kerze"
© Edition SEEBÄR-Musik Stephen Janetzko, www.kinderliederhits.de

Tempo: ca. 154

1. Ach, Mutti, wann ist es soweit?
Iss erst mal dein Frühstück! Es ist noch viel Zeit!

2. Ach, Mutti, ist es jetzt soweit?
Spiel noch ein bisschen! Es ist noch viel Zeit!

3. Ach, Mutti, ist es jetzt soweit?
Erst noch das Süppchen! Es ist noch viel Zeit!

4. Ach, Mutti, ist es jetzt soweit?
Mach noch ein Schläfchen! Es ist noch viel Zeit!

5. Ach, Mutti, ist es jetzt soweit?
Es ist noch nicht dunkel! Es ist noch viel Zeit!

6. Ach, Mutti, ist es jetzt soweit?
Sag, hörst du das Glöckchen? Jetzt ist es soweit!

Rollenspiel zum Lied

Ein Spiel für zwei Personen.

Material:
- Geschirr aus der Puppenküche
- Kissen
- Glöckchen

So geht's:
Ein Kind spielt die Mutter, das andere das Kind.
Die Gegenstände liegen in Reichweite der beiden Spieler auf einem Stuhl.
Die anderen Kinder sitzen im Stuhlkreis und singen. Kind und Mutter agieren dazu.
Nach einem Durchgang suchen sich die Kinder jeweils ein anderes aus und das Lied beginnt von vorn.

Das Lied als Klanggeschichte

Bei dieser Art der Liedbegleitung soll das Erleben des Kindes, seine Ungeduld und das lange Warten verdeutlicht werden.

Material:
- Orff- Instrumente
- Glöckchen

So geht's:
Die Kinder sitzen im Stuhlkreis. Zwei Kinder spielen Kind und Mutter und agieren zum Lied, während die anderen es begleiten.
Eine Gruppe hat Orff- Instrumente und spielt immer dann wild durcheinander, wenn das Kind im Lied fragt.
Antwortet die Mutter, so hört man nur ein beruhigendes und langsames Schlagen der anderen Kinder auf Holzblocktrommeln oder ähnlichen Instrumenten. Beim letzten Vers läutet ein Kind ein Glöckchen.

Nach einem Durchgang suchen sich die Kinder, die Kind und Mutter spielen, jeweils ein anderes aus und das Lied beginnt von vorn.

Glöckchen aus einem Tontöpfchen

Eine Geschenkidee für Weihnachten.

Material:
- Zeitung
- Malkittel
- Tontöpfchen
- Flüssigfarbe
- Pinsel
- Glitter
- Bastrest
- Perle

So geht's:
Den Tisch abdecken und den Malkittel anziehen.
Das Tontöpfchen mit Flüssigfarbe bemalen. Ringsum Glitter darauf streuen, so lange die Farbe noch feucht ist. Trocknen lassen.
Ein Stück Bast durch das Loch im Töpfchen stecken. Innen eine Perle auffädeln und fest knoten. Oben mehrere Knoten machen. Den Rest zu einer Schlaufe zusammen knoten.
Jetzt kann das Glöckchen aufgehängt werden.

Christa Baumann/Stephen Janetzko

Weihnachtsmorgen

Text: Rolf Krenzer; Musik: Stephen Janetzko; CD "Und wieder brennt die Kerze"
© Edition SEEBÄR-Musik Stephen Janetzko, www.kinderliederhits.de

Tempo: ca. 180

1. Oh, war das ei - ne lan - ge und schwe - re War - te - zeit! Und
im - mer fragt' ich ban - ge: "Sagt, ist es jetzt so - weit?"

2. "Du musst noch drei Mal schlafen!
Der alte Weihnachtsmann
muss dieses Jahr viel schaffen
und kommt nur schlecht voran!

3. Er muss sich mächtig plagen!"
Ich halt' das nicht mehr aus.
Es riecht doch schon seit Tagen
nach Weihnachten im Haus!

4. "Es sind noch ein paar Türen
an dem Kalender zu!
Da wird noch nichts passieren!
Und nun gib endlich Ruh!"

5. Doch als ich heute Morgen
vom Schlaf bin aufgewacht,
da sind vorbei die Sorgen
ganz einfach über Nacht.

6. Seht her, denn es ist heute
das letzte Türchen dran.
Da freun sich alle Leute,
denn Weihnachten fängt an!

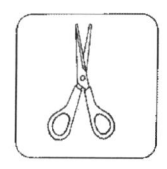

Adventskalender aus Häusern

Jedes Kind prickelt sich sein eigenes Häuschen aus. Es schreibt seinen Namen so darauf, dass er lesbar ist, wenn das Häuschen in der Landschaft aufgestellt ist.

Material :
- Tonpapier
- Bleistift
- Schere
- Prickelnadel und- Unterlage
- Transparentpapier
- Alleskleber
- Seidenpapier
- Tücher
- Aststücke
- Rinde
- Moos
- Teelichter in Gläsern
- kleine Geschenke für die Kinder

So geht's:
Von der Breitseite des Tonpapiers einen Streifen von 14,5cm abschneiden. Diesen in vier Quadrate falten, dabei einen Streifen zum Zusammenkleben frei lassen. Mit Bleistift die Fenster und Türen des Hauses aufzeichnen und ausprickeln. Mit Transparentpapier hinterkleben. Das Haus zusammenkleben.
Eine Landschaft (eventuell vor einem Fenster) aufbauen:
Eventuell mit kleinen Schachteln verschiedene Ebenen gestalten. Die Fläche mit Tüchern abdecken. Mit Rinde Moos und Aststücken dekorieren. Die Häuser und die Teelichtern in Gläsern hineinstellen.

Am Abend vor dem 1. Dezember:
Das Geschenk für jedes Kind in Seidenpapier einwickeln und im Haus deponieren.

Ritual: Adventskalender öffnen

Wer darf an diesem Tag sein Adventshaus mit nach Hause nehmen?

Material :
- Tonpapier
- Bleistift
- Schere
- Filzstift
- Körbchen

So geht's:
So viele Sterne ausschneiden, wie Kinder vorhanden sind. Auf jeden Stern einen Namen schreiben. Die Sterne im Körbchen aufbewahren.
Die Kinder treffen sich jeden Morgen im Kreis vor den Häusern. Die Kerzen werden angezündet. Nach einem Adventslied zieht ein Kind einen Stern. Das Kind, dessen Name darauf steht, bekommt sein Adventshaus. Es zieht auch am nächsten Tag einen Stern.

Bratäpfel

Im Advent duftet es im ganzen Haus nach Weihnachtsplätzchen und Bratäpfeln.

Material :
- pro Person 1 Apfel (ideal sind Boskop)
- Apfelausstecher
- 1 Teelöffel Rosinen
- 1 Teelöffel gemahlene Haselnüsse oder Mandeln
- 1-2 Teelöffel Marmelade
- feuerfeste Form
- Butter

So geht's:
Jeden Apfel mit dem Stiel nach oben hinstellen. Das Kernhaus mit dem Apfelausstecher heraus holen.
In einer kleinen Schüssel Rosinen, gemahlene Haselnüsse oder Mandeln und Marmelade mischen. Es soll eine geschmeidige Masse entstanden sein. Ist sie zu fest, noch etwas Marmelade dazu rühren.
Diese Masse mit zwei Teelöffeln in die Löcher in den Äpfeln füllen und mit dem Löffelstiel hinein drücken. Mit einem kleinen Stückchen Butter abdecken. In die feuerfeste Form setzen.
Im vorgeheizten Backofen bei 200° etwa eine halbe Stunde backen. Sie sind fertig, wenn sich die Schale des Apfels zu lösen beginnt.

Tipp

Manche Kinder mögen keine Rosinen. Deshalb vorher nachfragen und Füllungen mit und ohne Rosinen zubereiten.
Nur gemahlene Haselnüsse und Mandeln verwenden. Bei grob gehackten Nüssen könnte es passieren, dass sich ein Kind verschluckt.

Christa Baumann/Stephen Janetzko

Lasst uns auf Engel hören
(4-stimmiger Kanon)

Text: Werner Schaube; Musik: Stephen Janetzko; CD "Und wieder brennt die Kerze"
© Edition SEEBÄR-Musik Stephen Janetzko, www.kinderliederhits.de

Tempo: ca. 134

(1.) Lasst uns auf den En-gel hö-ren, (2.) der uns schickt zum Stall.
(3.) Uns wird dort ein Kind be-sche-ren: (4.) Gott ist ü-ber-all!

(1.) Lasst uns auf den Engel hören,
(2.) der uns schickt zum Stall.
(3.) Uns wird dort ein Kind bescheren:
(4.) Gott ist überall!

Hinweis: Als Kanon bis zu 4 Stimmen.

Spielanregung: Zu den einzelnen Zeilen können wir folgende Bewegungen machen:
-> Lasst uns...: Beide Arme (Handinnenfläche oben) ausgestreckt nach vorne strecken
-> auf den Engel hören: Beide Hände aus dieser Position heraus zu den Ohren führen ("Ohren vergrößern")
-> der uns schickt zum Stall: Auf der Stelle gehen
-> Uns wird dort ein Kind bescheren: Das (imaginäre) Jesuskind in den Armen wiegen
-> Gott ist überall: Mit beiden ausgestreckten Armen/Händen eine große Weltkugel/Sonne malen

Sehr schön wird es, wenn wir das Lied im Kanon singen und dazu die Bewegungen durchführen.

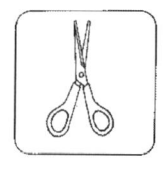

Meditatives Malen: Mein Engel

Gerade in der hektischen Adventszeit brauchen Kinder viel Zeit, um zur Ruhe zu kommen.
Für dieses Angebot wird ein großer Raum benötigt. Er sollte warm und gemütlich sein, damit sich die Kinder richtig wohlfühlen können.

Material:
- Malerkittel
- Zeitungspapier
- große Papierbogen
- weiße Fingerfarbe
- rosa Fingerfarbe
- gelbe Fingerfarbe
- kleine Kunststoffgefäße
- alte Löffel
- Farbstifte
- CD- Player
- meditative Musik

So geht's:
Die Kinder ziehen den Malerkittel an und helfen sich dabei gegenseitig. Der Boden wird mit Zeitungen abgedeckt.
Jedes Kind mischt sich eine zarte Farbe aus weiß mit etwas rosa oder gelb.
Jeder sucht sich einen gemütlichen Platz, legen sich einen großen Bogen Papier hin und stellen ihre Farbe dazu.
Die Musik läuft leise im Hintergrund und die Kinder werden gebeten, jetzt nicht mehr zu sprechen.
Sie beginnen, mit den Händen ihren Engel zu malen. Dabei können sie sich viel Zeit nehmen. Wer mag, malt bei seinem Engel das Gesicht in die feuchte Farbe mit Farbstiften aus.
Wer sein Werk beendet hat, lässt es auf dem Boden liegen, nimmt seine Farbe, geht ohne zu sprechen aus dem Raum und stellt den Becher im Waschraum ab.
Anschließend wäscht er seine Hände.
Der Erwachsene schreibt unterdessen den Namen mit einem Farbstift auf die Rückseite.

Diese Figuren haben vielleicht keine Beine, weil das Kind für seinen Engel keine Beine vorsieht – er kann ja fliegen. Manche haben Flügel, andere nicht – genau so, wie das

Kind seinen Engel sieht.
Vielleicht möchten die Kinder anschließend eine Ausstellung im Kindergarten organisieren?

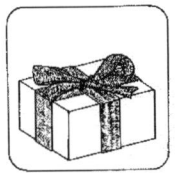

Bemalte Tasse

Ein schönes Weihnachtsgeschenk für Eltern, Paten...

Material:
- Porzellanmalstifte
- Backofen

So geht's:
Die Tasse gut spülen und abtrocknen.
Das Motiv mit den Stiften aufmalen und trocknen lassen.
Im Backofen nach Anleitung auf den Stiften einbrennen.

Engel als Begleiter

Es ist schön, einen Engel bei sich zu tragen.

Material:
- Kaugummidose
- Flüssigfarbe
- Pinsel
- Tonpapierrest
- Farb- oder Filzstifte

So geht's:
Die Kaugummidose bemalen und trocknen lassen.
Vom Tonpapier ein Stück von etwa 5x5 cm abschneiden. Jedes Kind malt sich seinen Engel darauf. Das Papier zusammen rollen und in die Dose stecken.
Wer eine kleine Feder findet, kann sie beim Engel aufbewahren.

Die Engel in der Adventszeit – ein Fingerspiel

Das ist der erste Engel, der bringt Licht in den Raum.
Der zweite Engel bringt den Tannenbaum.
Der dritte Engel bringt den Schmuck heran,
der vierte Engel zündet die Kerzen an.
Und der fünfte Engel schnell
läutet mit dem Glöckchen hell.
(Überlieferung)

So geht's:
Beginnend mit dem Daumen werden nacheinander alle Finger gezeigt.

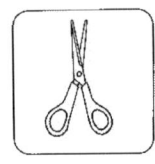

Großer Transparentengel ans Fenster

Eine Gemeinschaftsarbeit für mehrere Kinder.

Material:
- Transparentpapier
- Materialschalen
- angerührter Tapetenkleister
- Pinsel
- Holzfarbstifte
- Filzstift

So geht's:
Das Transparentpapier in kleine Stücke reißen, jede Farbe getrennt in einer Materialschale aufbewahren.
Mit Tapetenkleister den Kopf des Engels an die Fensterscheiben malen und mit hautfarbenem Transparentpaperstückchen bekleben.
Nach und nach den ganzen Engel auf die gleiche Weise aufkleben.
Nach dem Trocknen das Gesicht mit Holzfarbstiften aufmalen.
Die Namen der Kinder mit Filzstift an den unteren Rand des Engels schreiben.

Engelsküsse

Vielleicht sind Engelsküsse so zart wie diese Plätzchen?

Zutaten:
6 Eiweiß
250 g Zucker
etwas Zitronensaft
400 g Kokosraspel

So geht's:
Das Eiweiß sehr steif schlagen. Den Zucker langsam einrieseln lassen, Zitronensaft

zugeben und weiter rühren. Kokosraspel vorsichtig unterheben. Etwas stehen lassen. Dann mit zwei Teelöffeln kleine Häufchen auf ein mit Backpapier ausgelegtes Backblech setzen.
Bei 175° ca. 15 Minuten backen.
Auf dem Blech auskühlen lassen.

Engel-Augen

Ein überliefertes Rezept, das wohl die meisten kennen: kleine runde Kekse mit einem Klecks Marmelade in der Mitte. Warum dieses Rezept wohl Engelaugen heißt? Vielleicht haben die Kinder eine Idee?

Zutaten für den Mürbteig:
- 300 g Mehl
- 200 g Butter oder Margarine
- 100 g Zucker
- 1 Ei
- 1 Prise Salz
- Backpapier

Für die Füllung:
- rote Marmelade (Himbeeren, Erdbeeren, Johannisbeeren)
- Teelöffel

So geht's:
Alle Zutaten zusammen kneten und eine Stunde kühl stellen. Zu kleinen Kugeln formen. Auf ein mit Backpapier ausgelegtes Blech legen. Etwas platt drücken und mit einem Finger eine Vertiefung hinein drücken.
Mit einem Teelöffel etwas Marmelade hinein geben.
Bei 175° ca. 10- 15 Minuten backen.

Engelanhänger an den Weihnachtsbaum

Material:
- weiße Kerzenreste
- Engel- Ausstechförmchen
- Alufolie
- Stecknadel
- weißes dünnes Garn
- Nähnadel
- Schere
- restliche Materialien siehe Kerzen ziehen

So geht's:
Die Kerzenreste in der Dose erhitzen, die Dochte heraus fischen. Eine Schicht Wachs in das Ausstechförmchen gießen, eine Stecknadel hinein stechen, sobald sich eine Haut bildet. Das Förmchen bis zur Hälfte mit Wachs füllen und erkalten lassen. Vorsichtig aus dem Förmchen drücken. Die Stecknadel entfernen und das dünne Garn einziehen. Zusammen knoten.
Jetzt kann der Engel aufgehängt werden.

Engelszauber im Advent

Einen aufregenden Adventskalender hat Anna bekommen. Er ist nicht aus Pappe, nein, quer durch ihr Zimmer hängt eine lange Kette mit vierundzwanzig bunt verpackten Päckchen. Darauf stehen die Zahlen eins bis vierundzwanzig. Spannend sieht das aus. Vorsichtig befühlt Anna die einzelnen Päckchen, doch den Inhalt kann sie leider nicht erraten. Sie seufzt.
„Warten ist ja sooo schwer! Wenn doch nur schon bald Weihnachten wäre!"
Sie schnuppert wieder und rüttelt sie an dem Päckchen mit der Nummer Eins.
„Aua!", tönt es leise aus dem Päckchen. „Das tut weh."
Anna erschrickt. Da ist jemand in dem Päckchen versteckt. Sie will es von der Leine nehmen und rasch öffnen.
„Warte, ruft da eine helle Stimme. „Ich bin erst morgen für dich da. Und nun wünsche

ich dir eine gute Nacht. Träume schön!"

„Ich kann nicht schlafen, bevor ich nicht weiß, wer du bist", sagt Anna. „Ich ..." Sie muss gähnen und schläft – schwups – ein.

Plötzlich steht eine helle Gestalt mit einem fröhlich lächelnden Gesicht vor Anna. Sie trägt ein weißes, mit goldenen Sternchen geschmücktes Kleid und hält eine Posaune unter dem Arm geklemmt.

„W-wer bist du?", staunt Anna.

„Rate!", antwortet das fremde Wesen.

Anna überlegt. „Ein Engel. Bist du ein Weihnachtsengel?"

„Stimmt." Der Engel setzt die Posaune an die Lippen und spielt „Alle Jahre wieder kommt das Christuskind ..." Schön klingt das. Anna kann nicht anders. Sie singt mit.

„Advent ist die Zeit der Lieder und Geschichten", freut sich der kleine Engel. „In diesem Jahr werde ich im Advent bei dir sein." Er grinst schelmisch. „Aber nur, wenn du das auch so haben willst."

„Jaaa", ruft Anna. „Ich hab mir schon immer meinen eigenen Engel gewünscht. Ja ja ja."

Sie ruft dieses „Ja ja ja" so laut, dass sie davon aus dem Schlaf schreckt. Verwundert setzt sie sich im Bett auf. Wer hat da eben laut „Ja ja ja" gerufen?

In der Küche hört Anna, wie Papa Kaffee kocht, und aus dem Bad klingt Mamas Stimme. Ist die Nacht schon vorbei?

Anna schüttelt sich. Sie ist doch eben erst zu Bett gegangen, und dann ist dieser Engel gekommen. Oder hat sie das nur geträumt?

„Schade eigentlich", murmelt Anna. Dann fällt ihr ein, dass heute erster Adventstag ist. Schnell schlüpft sie aus dem Bett und pflückt sich das Päckchen mit der Nummer eins von der Adventskalenderkette. Vorsichtig packt sie es aus - und was findet sie? Einen kleinen Engel mit einer Posaune unter dem Arm. Lieb lächelt er, der Engel.

„Hallo, Engel", flüstert Anna. „Da bin ich wieder."

„Hallo, Anna. Ich wünsche dir einen schönen Advent." Mama steht an der Tür und lächelt Anna zu.

War es Mama, die ihr eben einen schönen Advent gewünscht hat – oder ist es doch der kleine Engel gewesen, der vielleicht ein Zauberengel ist und sprechen kann?

© Elke Bräunling, **www.elkeskindergeschichten.de**

Von dem Kind im Stroh

Text: Rolf Krenzer; Musik: Stephen Janetzko; CD "Und wieder brennt die Kerze"
© Edition SEEBÄR-Musik Stephen Janetzko, www.kinderliederhits.de

Tempo: ca. 162

1. Von dem Kind im Stroh, von dem Kind im Stroh, da will ich heute singen.
Es machte alle Menschen froh, die zu dem Stall hingingen.

2. Von der Engelschar, von der Engelschar, da will ich froh verkünden.
Sie weckte nachts die Hirten auf, dass sie die Krippe finden.

3. Und die Hirten all, ja, die Hirten all, die glaubten, was geschehen.
Drum machten sie sich auf zum Stall, um selbst das Kind zu sehen.

4. Es war`n arme Leut´, ach so arme Leut´, die zu dem Kind hinkamen.
Das Kind im Stall macht sie so reich und froh in Gottes Namen.

5. Von drei klugen Herrn, von drei weisen Herrn, da will ich noch erzählen.
Sie knieten vor dem Kind im Stall und ließen`s an nichts fehlen.

6. Von dem hellen Stern, von dem hellen Stern, da sing ich auch so gerne.
Er stand am Himmel über`m Stall, der schönste aller Sterne.

7. Von dem Kind im Stroh, von dem Kind im Stroh, da will ich froh verkünden.
Macht euch zu ihm gleich auf den Weg, um Gottes Sohn zu finden.

8. Von dem Krippenkind, von dem Krippenkind, da singen wir bis heute.
Gott gibt uns Hoffnung, Mut und schenkt uns täglich neue Freude.

8. Strophe/Schluss:

täglich neue Freude.

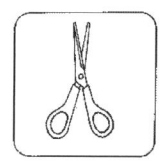

Bühne aufbauen

Wer ein Weihnachtsspiel aufführen will, braucht eine Bühne. Nur so haben die Zuschauer die Möglichkeit, alles zu sehen.
Eine etwas erhöhte Spielfläche entsteht mit Holzpaletten und Schaltafeln.

Material:
- Holzpaletten
- Schaltafeln

So geht's:
Die gewünschte Fläche genau mit Holzpaletten auslegen. Darauf dicht an dicht die Schaltafeln legen, damit keine Fugen entstehen, in denen die Spieler hängenbleiben und stolpern könnten.

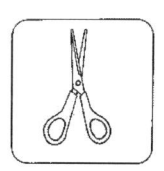

Hintergrund der Bühne

Mit einem entsprechend ausgestalteten Hintergrund kommt die richtige Stimmung für die Feier in den Saal.

Material:
- große schwarze Tücher
- Befestigungsmaterial
- Strahler/Lampen

So geht's:
Die Rückseite der Bühne mit schwarzen Tüchern abhängen. Das Befestigungsmaterial nach Art der Wände auswählen.
Wichtig: genügend Befestigungsmaterial bereit halten!
Falls keine Strahler vorhanden sind, helfen Baustrahler zum Beleuchten der Bühne. Bei der Hauptprobe kann die Ausrichtung der Strahler nochmals getestet werden.

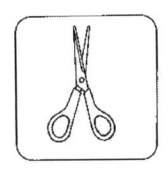

Lichterkette mit Sternen

Eine Lichterkette scheint nicht sehr hell, ergibt aber eine warme Atmosphäre.

Material:
- Lichterkette
- feste gelbe Folie
- Kugelschreiber
- spitze Schere
- Sicherheitsnadeln

So geht's:
So viele Sterne aufzeichnen und ausschneiden, wie Lämpchen an der Lichterkette vorhanden sind. In jeden Stern in die Mitte ein Loch bohren und ein Lämpchen durchstecken.
Die Lichterkette vorsichtig mit Sicherheitsnadeln fest machen.

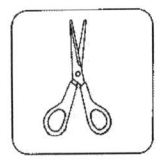

Kostüm für Ochs und Esel

Diese beiden wichtigen Tiere haben markante Ohren. Für den restlichen Körper reicht es, ihnen ein farblich passendes Tuch umzuhängen.

Material:
- Tücher in braun und grau
- braunes und graues Tonpapier
- Bleistift
- Lineal
- Schere
- Tacker
- große Sicherheitsnadel

So geht's:
Aus dem Tonpapier einen Streifen von 4-5 cm Breite und 55-60cm Länge schneiden. Ohren aufzeichnen und ausschneiden. Am Streifen fest tackern. Beim Kind um den Kopf

legen und zusammen tackern.

Spielweise:
Das Tuch um das Kind legen. Vorn mit einer großen Sicherheitsnadel fest machen. Die Ohren aufsetzen.
Ochs und Esel sind zum Spielen auf allen Vieren auf dem Boden.

Wie sieht eine Krippe aus?

Wer weiß, warum man im Stall eine Krippe braucht und wie sie aussieht? Gibt es in der näheren Umgebung eine Möglichkeit, sich eine Krippe anzuschauen?
Ein Ausflug zu einem Stall ist sicher ein eindrückliches Erlebnis. Wer einen Ochs und einen Esel anschauen kann, hat viel Glück. Vermutlich einfacher zu finden ist ein Stall mit Pferden. Vielleicht reitet auch die eine oder andere Mama?
Wer den Besuch in einem Stall mit einer Wanderung verbinden kann, braucht verschiedene Materialien.

Material:
- Bollerwagen
- Teppichfliesen, Sitzkissen und/oder große Decke
- Getränke
- Becher
- Vespertaschen der Kinder
- Kamera
- Handy
- Telefonliste der Eltern

So geht's:
Vor dem Besuch lernen die Kinder die Tiere anhand von Bilderbüchern, Fotos kennen und erfahren ihre Lebensweise.
Der Weg zum Stall kann je nach Entfernung mit dem Bus, der Bahn oder zu Fuß erledigt werden.
Nach Absprache mit dem Stallbesitzer treffen die Kinder ein. Er wird ihnen erklären, dass sie im Stall nicht herum rennen können, da sich sonst die Tiere ängstigen.
Vor oder nach der Besichtigung ist ein Picknick der zweite Höhepunkt für die Kinder. Auf der großen Decke oder dem Kissen zu sitzen und zu essen, macht besonders viel Spaß.

Getränke sind zwischendurch und beim Essen sehr wichtig.

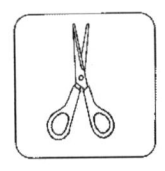

Engelsflügel für das Krippenspiel

Die kleinen Engel brauchen ganz sicher Flügel!

Material:
- Pappreste
- Bleistift
- Schere
- weißer Tonkarton
- dünne Vorhangreste
- Alleskleber
- zwei große Sicherheitsnadeln

So geht's:
Einen Engelsflügel auf den Papprest zeichnen und ausschneiden. Je nach Größe der mitspielenden Kinder entsprechend vergrößern oder verkleinern.
Den weißen Tonkarton zusammen falten. Die Schablone so an die Faltung auflegen, dass zwei zusammenhängende Flügel entstehen. Nachzeichnen und ausschneiden.
Bei jedem Flügel eine Linie etwa 3 cm vom Rand entfernt einzeichnen. Jeweils das Innenteil ausschneiden.
Zwei Vorhangstoffe etwa in der Größe der Flügel zuschneiden. Den Rand auf der Rückseite gut mit Alleskleber bestreichen. Den Vorhangstoff auflegen und trocknen lassen.
Überschüssigen Vorhangstoff ringsum abschneiden.
Die Engelsflügel mit großen Sicherheitsnadeln an der Kleidung am Rücken der Kinder fest machen.

Tipp

Wer gern Federn an den Engelsflügel haben möchte, schneidet die Flügel wie oben doppelt aus.
Auf die ganze Fläche werden schuppenartig kleine Federn geklebt. Dabei jeweils von außen nach innen arbeiten.
Hierbei können mehrere Kinder kleben, wenn sie den Flügel auf einen kleinen Tisch legen und jeweils an den Außenseiten der Flügel sitzen. Für ein Kind alleine wäre diese Arbeit zu langwierig.

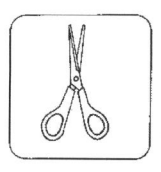

Weihnachtsstern für das Krippenspiel

Für ein Krippenspiel braucht man auf jeden Fall den großen Weihnachtsstern. Ein Kind hält den Stern während der Feier.

Material:
- dicke Pappe
- Bleistift
- Schere
- gelbe Flüssigfarbe
- Pinsel
- Besenstiel oder lange Leiste
- Handsäge
- Schleifpapier
- breites durchsichtiges Klebeband

So geht's:
Einen großen Stern mit einem Schweif auf die Pappe zeichnen. Ausschneiden (vielleicht muss hierbei ein Erwachsener helfen). Mit der Flüssigfarbe beidseitig bemalen und trocknen lassen.
Einen Besenstiel oder eine lange Leiste eventuell mit der Handsäge kürzen und glatt schleifen.
Mit dem breiten Klebeband mehrfach auf dem Stern fest machen.

Tipp

Wer viele Sterne haben möchte, bastelt zusätzlich Sterne ohne Schweif. Mehrere Kinder können dann einen Stern in der Hand halten.

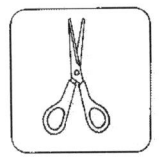

Sterne zum Mitnehmen

Wer möchte sich eine Erinnerung an die Feier mitnehmen?

Material:
- feste Gold- und Silberfolie
- Sternschablone
- Bleistift
- Schere
- dicke Nadel
- rotes Garn
- verschiedene Perlen

So geht's:
Viele Sterne aufzeichnen und ausschneiden. Ein Stück Garn abschneiden, an einem Zacken durchziehen und verknoten.
Unten ebenfalls ein Stück Garn einziehen und verknoten. An das Ende ein paar Perlen einziehen und einen dicken Knoten machen.
Es sollen so viele Sterne sein, dass sich jede Familie und alle Gäste einen Stern mitnehmen können.
Zum Schluss der Feier werden die Gäste darauf hingewiesen, dass die Sterne, welche die Kinder gebastelt haben, für sie gedacht sind und mitgenommen werden dürfen.

Die Sterne zum Mitnehmen im Außenbereich direkt an den Wegen aufhängen. Das ist sehr stimmungsvoll!

In der Weihnachtsnacht

Text: Rolf Krenzer; Musik: Stephen Janetzko; CD "Und wieder brennt die Kerze"
© Edition SEEBÄR-Musik Stephen Janetzko, www.kinderliederhits.de

Tempo: ca. 124

1. In der Weihnachtsnacht leuchten viele Kerzen. Ist das Licht erwacht, öffnet eure Herzen. Macht euch auf und seid bereit für die Weihnachtszeit. Macht euch auf und seid bereit für die Weihnachtszeit.

2. In der Weihnachtsnacht gibt es viele Lieder.
Wenn das Licht erwacht, singen wir sie wieder.
Was geschah und heut geschieht, kündet uns das Lied.
Was geschah und heut geschieht, kündet uns das Lied.

3. In der Weihnachtsnacht ward das Kind geboren,
das uns Gott gebracht, als wir fast verloren,
weil uns Gott von Herzen liebt und uns so viel gibt,
weil uns Gott von Herzen liebt und uns so viel gibt.

4. Macht euch drum bereit. Lasst das Licht auf Erden
heut für alle Zeit uns zum Zeichen werden,
dass Gott immer bei uns ist und uns nie vergisst,
dass Gott immer bei uns ist und uns nie vergisst.

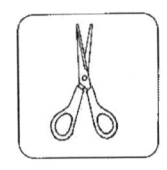

Schattentheater bauen

Ein Schattentheater zu bauen, macht viel Spaß. Und später damit zu spielen, umso mehr!

Material:
- weißes Tuch
- dunkler Stoff, so lang wie das Tuch
- Nähmaschine
- Nähgarn
- Kartenständer oder Waldorfständer
- Baustrahler, Diaprojektor oder Stehlampe

So geht's:
Das weiße Tuch quer nehmen. Den dunklen Stoff mit der Nähmaschine unten annähen. Den Stoff zwischen die beiden Kartenständer spannen. Ein Kind hinter den Stoff stellen. Hängt der dunkle Stoff so hoch, dass man es nicht mehr sehen kann?
Die Lampe so hin stellen, dass man von der Spielfigur nur den Schatten sieht.

Spielfiguren herstellen

Zum Spielen der Geschichte basteln sich die Kinder ihre Figur selbst

Material:
- Kartonreste
- Bleistift
- Schere
- Holzleiste
- breites Klebeband

So geht's:
Die Figur aufzeichnen. Dabei ist es ideal, wenn sie in der Größe zueinander passen. Der Esel sollte zum Beispiel nicht größer sein als der Engel. Je nach Alter brauchen die

Kinder dabei Unterstützung.
Die Figur ausschneiden. Die Holzleiste unten mit breitem Klebeband an der Figur befestigen.

Die Weihnachtsgeschichte spielen

Zum Spielen der Weihnachtsgeschichten werden folgende Figuren und Utensilien benötigt:

- Maria
- Joseph
- Krippe
- Kind
- Ochs
- Esel
- Engel
- viele Hirten
- viele Schafe
- Weihnachtsstern

Dazu ein paar Kerzengläser mit brennenden Teelichtern.

So geht's:
- Die Kinder, die beim Schattentheater mitspielen, halten sich dahinter auf.
- Die Kinder mit den Kerzengläsern halten ihr Glas vorsichtig in der Hand (Wassereimer in der Nähe!) und sitzen auf einer Bank seitlich vorn.
- Ein Erwachsener ist der Erzähler. Er kündet die Geschichte an.
- Das Licht im Raum geht aus.
- Die Kinder singen gemeinsam die 1. Strophe, ein Kind geht mit seinem Kerzenglas vor dem Schattentheater langsam hin und her.
- Bei der 2. Strophe sind es mehrere Kinder. Nach dem Vers setzen sie sich auf die Bank.
- Jetzt geht das Licht beim Schattentheater an. Der Erwachsene erzählt die Geschichte, die Kinder agieren dazu hinter dem Theater: nach und nach kommen die Kinder hinter die Kulisse und halten ihre Figur nah an das weiße Tuch. So entsteht ein schönes Schattenbild.

- Das Bild mit Maria und Joseph, dem Kind, den Hirten und Schafen bleibt stehen. Die Kinder singen dazu die 3. Strophe.
- Vor der 4. Strophe geht das Licht beim Theater aus, die Kinder mit den Lichtern kommen nach vorn und bleiben dort während des Singens stehen.
- Zum Schluss geht das Licht im Raum an. die Kinder, welche die Figur geführt haben, kommen zu den Kindern mit den Lichtern nach vorn.
- Jetzt haben die Zuschauer Gelegenheit, zu klatschen!

Türkranz aus Zapfen zur Begrüßung der Gäste

Material:
- dicker Draht
- Blumendraht
- Zange
- Zapfen
- Zeitungspapier
- Silberspray
- rote Folie
- Schere
- rotes breites Band
- rotes Tonpapier
- breiter Silberstift

So geht's:
Den Draht zu einem Kreis zusammen binden. Jeweils ein Stück Blumendraht abzwicken und an den Zapfen fest machen. die Zapfen am Kranz befestigen.
Den Tisch mit Zeitungen auslegen. Den Kranz darauf legen. Mit dem Spray kurz über die Zapfen sprühen. Sie sollen nicht ganz bedeckt sein, man soll noch sehen können, dass es Zapfen sind. Aus der Folie Sterne ausschneiden und zwischen die Zapfen stecken.
Den Kranz mit dem roten Band aufhängen. Ein Stück Tonpapier zuschneiden, einen Willkommensgruß darauf schreiben und schräg zum Kranz aufhängen.

Lasst zum Stall uns gehn
(Krippen-Rundgesang)

Text: Werner Schaube; Musik: Stephen Janetzko; CD "Und wieder brennt die Kerze"
© Edition SEEBÄR-Musik Stephen Janetzko, www.kinderliederhits.de

Tempo: ca. 120

1. Lasst zum Stall uns gehn und das Wun-der sehn.
Du und ich und Ochs und E-sel wolln das Wun-der sehn,
das dort ist ge-schehn, das dort ist ge-schehn.

2. Seht den Stern davor,
hört den Engelchor.
Ihr und wir
und Ochs und Esel
hörn den Engelchor,
sehn den Stern davor,
sehn den Stern davor.

3. Dieses Kind im Stroh
macht uns alle froh.
Dich und mich
und Ochs und Esel,
es macht alle froh,
dieses Kind im Stroh,
dieses Kind im Stroh.

4. Singt: Halleluja!
Gottes Sohn ist da.
Alle Welt
und Ochs und Esel
singt: Halleluja!
Gottes Sohn ist da,
Gottes Sohn ist da.

Spielanregung:
Zum Lied können wir ein einfaches Krippenspiel machen, bei dem auch die Kleinen schon dabei sein dürfen. Ein Kinderchor singt die 1. Strophe als Aufforderung.
Die Erwachsenen (oder die Gemeinde) singen die 2. Strophe als "Antwort", während die Kinder sich um die Krippe versammeln, vor bzw. über der der Stern steht (ggf. mit den Händen nach oben weisen und Geste des Horchens imitieren).
Die Kindergruppe singt die dritte Strophe als "Tanzlied"; hierzu fassen sich die Kinder an den Händen, bilden einen Kreis und tanzen um die Krippe. Die vierte Strophe singen alle zusammen, freudig und kraftvoll.

Ritual Krippenweg und das Lied

Bei diesem Ritual begleiten die Kinder Maria und Joseph jeden Tag ein Stückchen weiter bis zum Stall.

Material:
- Karton
- Schrank in Kinderhöhe
- Tücher in verschiedenen Farben und Größen
- Naturmaterial wie Rindenstücke, Baumscheiben, Tannenzapfen
- Holzfiguren
- Stern zum Aufhängen
- Krippe
- Stroh
- Filzreste
- Schere
- Alleskleber

Feuer:
Aus braunem Filz einen Kreis schneiden. Aus Filz in rot, orange und gelb kleine Feuerzungen schneiden. Auf den Kreis aufkleben.

So geht's:
Den Schrank zum Schutz der Oberfläche mit Karton abdecken.
Anschließend mit Tüchern dekorieren.
Die Rückseite mit Tüchern abhängen. Ein Stern weist auf der Seite, wo die Krippe stehen soll, schon auf Weihnachten hin.

Der Weg der Figuren geht von einer Seite der Spielszene bis zur anderen.
Es beginnt auf einer Seite mit den Hirten, die mit den Schafen um ein Feuer stehen und sitzen (je nachdem, wie die Spielfiguren aussehen).
Auf der anderen Seite steht die leere Krippe.

Spielweise:

Zu den Strophen 1-3 nimmt jeden Tag ein Kind Maria, ein anderes Kind Joseph in die Hand und lassen sie ein Stückchen nach vorn gehen.
In der Krippe ist die ganze Zeit über nur Stroh. Erst wenn die Kinder am letzten Tag vor Weihnachten in die Einrichtung kommen, liegt am Morgen das Kind in der Krippe. Maria und Joseph stehen dabei.
An diesem Tag wird die Geschichte zu Ende erzählt: vom Erreichen des Stalls bis zur Geburt. Vom Engel, der den Hirten erscheint und ihnen alles erzählt.
Die Hirten und die Schafe gehen während dieser Erzählung immer ein kleines Stückchen nach vorn, bis sie bei der Krippe ankommen.
Jetzt können alle das Lied von der 1. bis zur 4. Strophe singen!

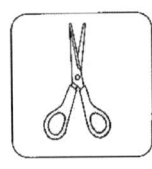

Baumrinde als Kerzenständer

Material:
- Baumrinde
- Handbohrer
- Metalluntersetzer mit kurzem Spieß
- Heißkleber
- verschiedenes Dekorationsmaterial wie kleine Strohsterne, Moos, trockene Blütenstände der Waldrebe, kleine Zapfen o. Ä.
- dicke Kerze

So geht's:
Ein Loch durch die Baumrinde bohren. Den Spieß des Metalluntersetzers hinein stecken. Auf der Rückseite mit Heißkleber fixieren.
Die Rinde dekorieren und die Kerze auf den Untersetzer stellen. Eventuell die Kerze anzünden, etwas Wachs auf den Untersetzer tropfen und die Kerze sofort darauf stellen, damit sie fest darauf fixiert ist und nicht so leicht umfällt.
Wenn die Kerze angezündet wird, immer einen Wassereimer dazu stellen.

Tipp

Wer die Kerze verzieren möchte, kann sie mit Kerzenpens bemalen, mit Motiven aus bunten Wachsplatten verzieren oder die Kerze nacheinander in geschmolzene, verschieden farbige Wachsreste tauchen.

Kerzen leuchten überall

Text: Rolf Krenzer; Musik: Stephen Janetzko; CD "Und wieder brennt die Kerze"
© Edition SEEBÄR-Musik Stephen Janetzko, www.kinderliederhits.de

Tempo: ca. 134

1. Ker-zen leuch-ten ü-ber-all durch die dun-kle Nacht, kün-den von dem Kind im Stall, das so froh uns macht, das so froh uns macht.

2. Kerzen leuchten überall. Gott hat wohlbedacht
Frieden mit dem Kind im Stall in die Welt gebracht,
in die Welt gebracht.

3. Kerzen leuchten überall, und ihr heller Schein
leuchtet wie ein Sonnenstrahl in die Welt hinein,
in die Welt hinein.

Nachspiel (wenn gewünscht):

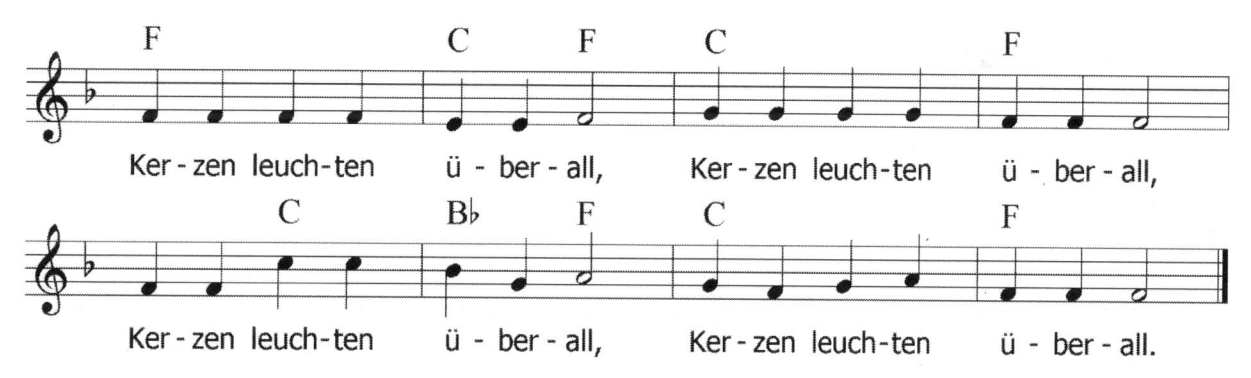

Ker-zen leuch-ten ü-ber-all, Ker-zen leuch-ten ü-ber-all,
Ker-zen leuch-ten ü-ber-all, Ker-zen leuch-ten ü-ber-all.

Kerzen ziehen

Ein sehr beliebtes Geschenk ist eine selbst gemachte Kerze!

Material:
- Zeitungspapier
- Einzelkochplatte
- eventuell Verlängerungskabel
- alter Kochtopf
- Wasser
- schmale hohe Konservendose
- Wachsreste
- alter Löffel o. ä.
- Kerzendocht aus dem Bastelgeschäft
- Schere
- Wäscheklammer

So geht's:
Den Tisch abdecken.
Die Kochplatte auf den Tisch stellen und anschließen. Dabei darauf achten, dass niemand über das Stromkabel stolpern kann.
Die Wachsreste in die Dose füllen. Wasser in den Topf geben und die Dose hinein stellen. Es soll so viel Wasser im Topf sein, dass die Dose steht und möglichst hoch vom Wasser umspült wird.
Das Wasser erhitzen. Mit der Zeit schmelzen die Wachsreste. Die Dochte, die sich lösen, schwimmen im flüssigen Wachs und müssen heraus gefischt werden.
Die Kinder sehen nun, wie kleine Luftblasen im Wasser hochsteigen, es ist also heiß.
Auch das Wachs ist flüssig und heiß
Die Dochte zuschneiden. Die richtige Brennrichtung erfährt man beim Kauf. Oft wird zur Hilfe ein Knoten in den Docht gemacht.
Die Kinder stellen sich um den Tisch. Jedes bekommt ein Stück Docht und taucht ihn ins Wachs. Dann zieht es ihn heraus und wartet einen Moment, bis kein Wachs mehr tropft. Nacheinander tauchen alle Kinder ihren Docht hinein.
Je öfter sie ihn eintauchen, desto mehr Wachs setzt sich am Doch fest und umso dicker wird die Kerze. Zwischendurch auf dem Tisch rollen, damit sie schön gleichmäßig wird.
Auch zum Schluss nochmals glatt rollen.
Ist die Kerze dick genug, dann wird sie mit einer Wäscheklammer mindestens einen Tag lang aufgehängt.

Tipp

Nur mit wenigen Kindern arbeiten!
Wichtig ist, dass alle sehr vorsichtig sind, sich nicht schubsen und auch nicht drängeln.

Kerzen gießen

Diese Arbeit sollten nur größere Kinder durchführen!

Material:
- Zeitungspapier
- Einzelkochplatte
- eventuell Verlängerungskabel
- alter Kochtopf
- Wasser
- schmale hohe Konservendose
- Wachsreste
- alter Löffel o. ä.
- Kerzendocht aus dem Bastelgeschäft
- Schere
- Büroklammer
- Wäscheklammer
- Ausstechförmchen
- kleine Teller
- Alufolie
- Kuchengitter
- Topflappen

Die Vorbereitungen entsprechen der vorherigen Anleitung.

Die Dochte zuschneiden, sie sollen etwas länger sein als die Höhe der Ausstechförmchen. Unten eine Büroklammer anbringen, damit der Docht gut im

Förmchen steht. Die Wäscheklammer oben am Docht festmachen, sie soll auf dem Förmchen aufliegen.
Jedes Kind deckt sich einen kleinen Teller mit Alufolie ab und stellt sein Förmchen darauf. Vorsichtig wird etwas flüssiges Wachs eingegossen, bis der Boden bedeckt ist. Der Docht soll dabei gerade stehen. Etwas erkalten lassen.
Das Förmchen ganz mit Wachs auffüllen. Erkalten lassen und vorsichtig aus dem Förmchen heraus drücken. Auf einem Kuchengitter mindestens einen Tag gut durchtrocknen lassen.

Tipp

Die Dose sollte nur bis zu einem Viertel mit Wachs gefüllt sein, damit sie nicht zu heiß wird und die Kinder sie gut mit Topflappen halten können.
Die Kinder erst ausprobieren lassen, ob sie es sich zutrauen, die Dose zu halten.
Es ist auch möglich, das Wachs mit einem alten Löffel in die Form zu füllen. Das Wachs, das am Löffel erstarrt, einfach abziehen, wieder ins Wachs dazu geben und schmelzen lassen.

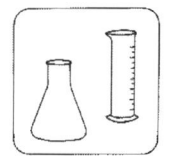

Kerzen anzünden

Ein Kind braucht viel Mut, wenn es eine Kerze anzünden soll. Wenn es aber weiß, wie es dies bewerkstelligen soll und wenn es die Sicherheit hat, dass ein gefüllter Wassereimer in der Nähe steht, dann ist es zu schaffen.
Natürlich gilt dazu die Regel, dass mit Feuerzeugen oder Streichhölzern nur hantiert werden darf, wenn ein Erwachsener dabei ist!
Haben die Kinder aber die Möglichkeit, dabei aktiv werden zu dürfen, dann werden sie vermutlich weniger auf die Idee kommen, alleine zu zündeln.

Material:
- Teelicht oder Kerze
- Streichhölzer oder Feuerzeug
- Wassereimer

Das Teelicht hin stellen oder die Kerze in einem stabilen Kerzenständer fest machen. Das Streichholz vom Körper weg anzünden.

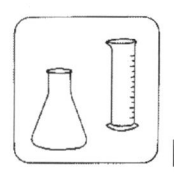

Eine ausgeblasene Kerze anzünden

Material:
- Teelicht oder Kerze
- Streichhölzer oder Feuerzeug

Das Teelicht anzünden, etwas brennen lassen und ausblasen. Jetzt kann man sehen, dass etwas Wachsdampf aufsteigt. Das ist Wachs, das durch das Erhitzen gasförmig geworden ist.
Jetzt schnell ein Streichholz anzünden und in diesen Dampf halten (nicht an den Docht). Das Wachs entzündet sich jetzt wieder und der Docht beginnt zu brennen.

Lichterfunkeln im Advent

Nach ihrem Umzug aufs Land hatten Pia und Pit in dem kleinen
Dorf Altheim viel Spaß. Im Sommer war mit all den Dorffesten hier viel
los gewesen. Als aber der Spätherbst ins Land zog, war plötzlich alles
nebelgrau, trist und langweilig ringsum.
Voller Heimweh dachten Pia und Pit an ihr früheres Stadtleben.
Besonders in der Adventszeit sahen die Geschwister die Dunkelheit
so deutlich wie nie zuvor. Dunkel war es hier und still und so ganz
anders als in der Stadt. Nichts erinnerte an Weihnachten: keine
Lichterketten, keine neonflimmerhellen Schaufenster, keine bunten
Lichtfiguren. Nur eine Lichtertanne stand am Kirchplatz.
„Hier ist es gar nicht adventlich", murrte Pit, und Pia kämpfte gegen
die Tränen. „Man merkt nicht, dass bald Weihnachten ist."
„Woran soll man das denn sehen?", fragte Mama.
„Na ja, an den Lichtern und Liedern in den Geschäften, am
Weihnachtsschmuck ..."
Mama sah die beiden nachdenklich an. „Braucht ihr dieses grelle
Reklamegefunkel, um euch auf Weihnachten zu freuen?"
„Lichter gehören zum Advent", meinte Pia. „Das singt man auch in
den Liedern.
Da lächelte Mama und tat auf einmal ganz geheimnisvoll.
Als Pia und Pit am nächsten Nachmittag mit Katrin und Michael
heimwärts trotteten, sahen sie von fern einen funkelnden Lichtschimmer.
„Das ist bei uns", rief Pit erstaunt.
„Ja", freute sich Pia, „in unserem Küchenfenster."
So schnell sie konnten, rannten sie auf das Licht zu.
Toll sah es aus. Alles ringsum war dunkel und still. Nur im Fenster
flackerte das Licht einer Kerze, und daneben hing ein Tannenzweig mit
Strohsternen.
Die Kinder jubelten.
„Schööön!", riefen sie.
„Richtig weihnachtlich sieht es aus", freute sich Pit, und er stellte sich
vor, wie es hinter dem Lichtfenster gerade aussehen mochte. Was Mama
wohl gerade tat? Tee kochen vielleicht? Eine Überraschung vorbereiten?
Oder sie saß am Computer und vergaß wieder einmal die Zeit? Vielleicht
backten sie nachher gemeinsam Plätzchen? Oder sie zündeten eine Kerze
an und erzählten einander Geschichten? Oder ...?

Vieles kam den Kindern in den Sinn, als sie auf das Flackern des Adventslichtes im Fenster blickten.
„Eigentlich", meinte Pia, „ist so ein einziges kleines Licht viel schöner als der bunte Weihnachtsflitterkram in der Stadt."
„Schade, dass bei uns zu Hause keine Adventslichter brennen", meinte Katrin bedauernd und auch Michael nickte.
„Ja, schade", sagte er.
Als Pia, Pit, Katrin und Michael am nächsten Tag heimkamen, flackerten ihnen von weitem schon drei Lichter entgegen.
„Unser Licht!", sagte Pia, aber auch Katrin und Michael freuten sich.
„Bei uns leuchten heute auch Adventslichter", riefen sie und fröhlich liefen sie den Lichtfenstern entgegen.

©Elke Bräunling **http://www.elkeskindergeschichten.de**

Kerzen ans Fenster

Material:
- schwarzes Tonpapier
- weißer Malstift
- Schere
- Transparentpapier
- Klebestift
- angerührter Tapetenkleister

So geht's:
Eine Kerze auf das Tonpapier zeichnen und ausschneiden. Von innen her so ausschneiden, dass ein schmaler schwarzer Rand stehen bleibt. Dieses mit dem Klebestift bestreichen, an den Rand des Transparentpapiers legen und kurz trocknen lassen. Ausschneiden.
Mit Tapetenkleister am Fenster befestigen.
Wenn jetzt die Sonne durchs Fenster scheint, leuchten alle Kerzen!

Christa Baumann/Stephen Janetzko

Singt mit uns von der Weihnachtsnacht
(Die Weihnachtsnacht)

Text: Rolf Krenzer; Musik: Stephen Janetzko; CD "Und wieder brennt die Kerze"
© Edition SEEBÄR-Musik Stephen Janetzko, www.kinderliederhits.de

Tempo: ca. 120

Refrain: Singt mit uns von der Weih-nachts-nacht. Da wur-de das Kind zur Welt ge-bracht. Und vie-le be-grüß-ten es schon in der Nacht, in der Nacht. Das Kind, es war Got-tes Sohn. 1. In Beth-le-hem gab`s kein Zim-mer mehr. Ein al-ter Stall stand nur noch leer. Ma-ri-a und Jo-sef sind an-ge-kom-men. Der al-te Stall hat sie auf-ge-nom-men. So wur-de das Kind zur Welt ge-bracht, hier in dem Stall mit-ten in der Nacht.

2. Es gab auch Hirten in dieser Nacht, die hielten bei den Schafen Wacht.
Da haben die Engel ihnen verkündet, wo man das Kind in der Krippe findet,
das Gott in die Welt zu uns gesandt. So kam es, dass es ein jeder fand.

Refrain.

3. Drei weise Herrn kamen dann von fern und folgten froh dem hellen Stern.
Sie suchten den König, den Gott verheißen, und nirgends ließen sie sich abweisen.
Sie fragten jeden und überall. So kamen sie zu dem Kind im Stall.

Refrain.

4. Wie jeder im Stall sich einst gefreut, so freuen wir uns alle heut.
Gott hat uns den eigenen Sohn gegeben. Er schenkt uns Liebe und neues Leben.
Wir feiern Weihnachten Jahr für Jahr und denken daran, wie`s damals war.

Refrain.

Kostüme für die Hirten

Für diese Rollen können Kinder unterschiedlichsten Alters gewonnen werden. Ältere nehmen Jüngere zu sich und helfen ihnen, sich beim Spiel zurecht zu finden.
Ganz wichtig sind für die Kinder immer die Hüte und die Stöcke der Hirten!

Material:
- Decken zum Umhängen oder genähte Umhänge
- Hüte
- lange Stöcke

So geht's:
Die Kinder hängen sich die Decken um die Schultern oder sie bekommen Hilfe beim Umbinden der Umhänge und setzen sich den Hut auf. Den Stab nehmen sie in die Hand.

Kordel für den Umhang drehen

Material:
- etwa 4m Wolle
- Malstift
- große Sicherheitsnadel

So geht's:
Die Wolle zusammenknoten und über eine Türklinke hängen. Den Malstift hinein stecken, die Wolle stamm ziehen und den Stift immer in eine Richtung drehen. Wenn die Wolle stark gedreht ist, den Stift heraus ziehen und die Wolle mit der Schlaufe über die Türklinke hängen. Jetzt verdreht sie sich allein in die andere Richtung. Gut nach unten ausstreichen.
Die Enden zusammen nehmen und verknoten.
Die Sicherheitsnadel in der Kordel fest machen. Durch den genähten Tunnel im Umhang des Hirten ziehen. Die Kordel eventuell kürzen.

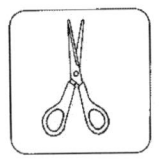

✂ Umhang nähen

Material:
- grober Stoffrest
- festes Garn
- dicke Nähnadel
- große Sicherheitsnadel

So geht's:
Den Stoff an einer Längsseite etwa 5 cm nach innen falten. Mit groben Stichen fest nähen. Es entsteht ein Tunnel, durch den die Kordel gezogen werden kann. Dazu die Sicherheitsnadel an der Kordel fest machen und durch den Tunnel schieben. Sie zieht die Kordel hinter sich her.

✂ Kostüme für die Schafe

Diese Rolle spielen jüngere Kinder gern.

Material:
- Schaffelle
- große Sicherheitsnadeln

So geht's:
Viele Kinder haben ein Schaffell in ihrem Bett und können es mitbringen. Es wird über den Rücken gelegt und mit großen Sicherheitsnadeln fest gemacht.
Die Kinder hocken oder setzen sich zum Spielen auf den Boden.

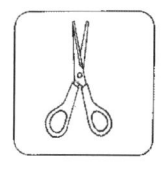

„Feuer" aufbauen

Natürlich brauchen die Hirten ein Feuer, um das sie sich in der Kälte der Nacht versammeln können. Der Aufbau ist recht aufwändig und die Kinder brauchen auf jeden Fall Gelegenheit, ihre Probe um das Feuer zu erleben.

Material:
- Teppichstücke
- Verlängerungskabel
- Strahler (idealerweise mit LED)
- Holzscheite
- kleine rote und gelbe dünne Tücher

So geht's:
Den Boden mit den Teppichstücken auslegen. Dabei das Verlängerungskabel so darunter legen, dass der Stecker dort unter den neben einander gelegten Teppichen heraus kommt, wo das „Feuer" stehen soll.
Die Holzscheite zu einem Kegel aufstellen. Nach vorn zu den Zuschauern ein paar Scheite hin legen. Sie stützen die stehenden Scheite und lassen gleichzeitig den Blick auf das „Feuer" frei.
Den Strahler so hinein stellen, dass er nach oben scheint. Anschließen und ausprobieren. Anschließend die dünnen Tücher über die Scheite legen. Sie dürfen nicht mit der Lampe in Berührung kommen.

Wichtig:
Überprüfen, dass genügend Abstand zur Lampe vorhanden ist und die Tücher nicht heiß werden können!
Das Feuer mit der Lampe muss so stehen, dass die Hirten um das Feuer gehen und sitzen können. Dabei dürfen sie nicht über den Stecker stolpern können.
Bei der Hauptprobe erleben die Kinder, wo sie gehen und sitzen werden.
Das Feuer in einer dunklen Umgebung ist so eindrücklich, dass sich der recht große Aufwand lohnt!

Christa Baumann/Stephen Janetzko

Vom Schenken
(3-stimmiger Kanon)

Text: Werner Schaube; Musik: Stephen Janetzko; CD "Und wieder brennt die Kerze"
© Edition SEEBÄR-Musik Stephen Janetzko, www.kinderliederhits.de

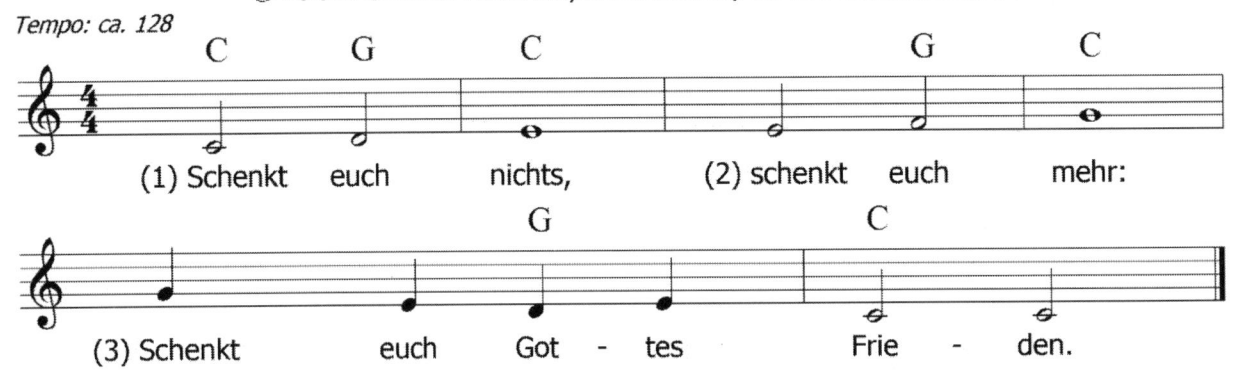

Tempo: ca. 128

(1) Schenkt euch nichts, (2) schenkt euch mehr:
(3) Schenkt euch Gottes Frieden.

(1) Schenkt euch nichts,
(2) schenkt euch mehr:
(3) Schenkt euch Gottes Frieden.

Hinweis: Als Kanon bis zu 3 Stimmen.

Spielanregung: Zu den einzelnen Versen/Stimmen können wir folgende einfache Bewegungen machen:

-> Schenkt euch nichts: Kopf (von links beginnend) hin und her bewegen (Kopf schütteln)
-> schenkt euch mehr: Kopf (von oben beginnend) hoch und runter bewegen (nicken)
-> Schenkt euch Gottes Frieden: Beide Arme (Hände zunächst an den Schultern) strecken und nach vorne oder seitlich weit öffnen

Sehr schön wird es, wenn wir das Lied im Kanon singen und dazu die Bewegungen durchführen.

Christa Baumann

Christa Baumann ist Erzieherin, verheiratet und hat zwei Söhne.
Sie steht seit vielen Jahren in der Krippen-, Kindergarten- und Sprachheilkindergartenarbeit.
2005 erschien ihr erstes Buch „Kommt mit ins Mittelalter". Dem folgten Bücher zu verschiedenen Themen und unterschiedlichen Schwerpunkten für Erzieherinnen und Eltern.

Stephen Janetzko

Mit einer 20-minütigen MC „Der Seebär" fing alles an, heute sind es weit über 600 Kinderlieder, die der gebürtige Hagener Liedermacher bereits auf über 50 CDs und in zahllosen Liedsammlungen veröffentlicht hat. Viele davon, wie „Hallo und guten Morgen", „Wir wollen uns begrüßen", „Augen Ohren Nase", „Das Lied von der Raupe Nimmersatt", „Hand in Hand" oder „In meiner Bi-Ba-Badewanne", werden heute gesungen in Kindergärten, Schulen und überall, wo Kinder sind.

Bereits erschienen von Christa Baumann:

Kommt mit ins Mittelalter: Kinder erfahren, wie Lebensbedingungen sich ändern
Dreieck Verlag, Wiltingen 2005
ISBN 3-929394-41-3

Kommt mit auf die Wiese: Der Lebensraum Wiese unter seinen verschiedenen Aspekten
Dreieck-Verlag, Wiltingen 2006
ISBN 3-929394-43-X

Emily die kleine Biene
Bilderbuch
Hänssler-Verlag, Holzgerlingen 2007
ISBN 978-3-7751-4566-4

Theodor die kleine Maus
Bilderbuch
Hänssler-Verlag, Holzgerlingen 2007
ISBN 978-3-7751-4565-7

Viel Glück und viel Segen: Geburtstag feiern im Kindergarten
Neukirchener Verlagshaus, Neukirchen-Vluy, 2007
ISBN: 3-7975-0187-0

Zur guten Nacht
Schwaben Verlag, Ostfildern 2008
ISBN: 3-7966-1396-9

Jesus, Bartimäus, Zachäus & Co: 12 Gestaltungsentwürfe zu biblischen Geschichten
Neukirchener Verlagshaus, Neukirchen-Vluyn 2009
ISBN 978-3-7975-0212-41

Spuren des Glaubens legen: Rituale im Familienalltag
Neukirchener Verlagshaus, Neukirchen-Vluyn 2010
ISBN: 978-3-7615-5757-0

Kommt mit nach draußen! Vielfalt im Außenspiel
Dreieck Verlag, Wiltingen 2010
ISBN 978-3-929394-55-9

Engeladvent im Kindergarten - Die schönsten Ideen zum Spielen, Basteln und Musik machen
Don Bosco Medien, München 2010
ISBN 978-3-7698-1841-3
   (erschienen auch in portugiesischer Sprache)

Lebendiger Herbst: Kreative Ideen für drinnen und draußen
Neukirchener Verlagshaus, Neukirchen-Vluyn 2011
ISBN 978-3-7615-5862-1

Verregnete Sonntage: Originelle Aktionen für drinnen und draußen
Neukirchener Verlagshaus, Neukirchen-Vluyn 2011
ISBN 978-3-7615-5863-8

Lange Autofahrten: Tolle Ideen für Rückbank und Rastplatz
Neukirchener Verlagshaus, Neukirchen-Vluyn 2012
ISBN 978-3-7615-5910-9

Sommer, Sonne, Sonnenschein: Coole Ideen für heiße Tage
Neukirchener Verlagshaus, Neukirchen-Vluyn 2012
ISBN 978-3-7615-5911-6

Blitzschnelle Ideen für den Stuhlkreis: Über 140 Fingerspiele, Lieder, Bewegungsimpulse, Klanggeschichten, Rätsel und Fantasiereisen als Pausenfüller, Morgenritual und Abschluss Ökotopia Verlag, Münster 2013
ISBN 978-3-86702-209-5
   (zweite Auflage ebenfalls 2013)

Mein Jahr in Gottes schöner Welt: Bastelideen, Lieder, Spiele und Geschichten für jede Jahreszeit
Neukirchener Verlagshaus, Neukirchen-Vluyn 2013
ISBN 978-3-7615-6007-5

Kommt mit an Bach und Weiher - Themen für die Arbeit mit Kindern
Dreieck Verlag, Wiltingen 2013, vergriffen

Winterzeit im Kindergarten
Mellinger Verlag, Edition Dreieck, Stuttgart 2013
ISBN 978-3-8806-9766-9

Mit Ritualen durch den Tag, Ideen und Spiele für die Praxis mit Kindern von 0 bis 3 Jahren
Hase und Igel Verlag, Garching 2014
ISBN 978-3-8676-0898-5

Indianer – Das große Lieder- Geschichten- Spiele- Bastelbuch
Mit vielen Liedern von Stephen Janetzko und Geschichten von Rolf Krenzer
Verlag Stephen Janetzko, Erlangen 2014
ISBN 978-1-49963-735-9

Ein bisschen so wie Martin - Das große Kindergarten-Buch für Herbst und Sankt Martin: Mit 25 bekannten und neuen Liedern fürs Laternenfest, vielen Geschichten von Elke Bräunling und tollen Herbst-Aktionen
Verlag Stephen Janetzko, Erlangen 2014
ISBN 978-3-95722-064-6

... mehr Info, mehr CDs, mehr Lieder & Noten:
www.kinderliederhits.de

Alle Rechte vorbehalten.

Dieses Werk ist urheberrechtlich geschützt. Jegliche Vervielfältigung und Verwertung ist nur mit Zustimmung der Autoren bzw. des Verlags zulässig. Das gilt insbesondere für Übersetzungen, die Einspeicherung und Verarbeitung in elektronischen Systemen sowie für das öffentliche Zugänglichmachen wie zum Beispiel über das Internet.
Ein Nachdruck oder eine Weiterverwertung ist nur mit schriftlicher Genehmigung des Verlags möglich.

© Verlag Stephen Janetzko, **www.kinderliederhits.de**

DIE CD ZUM BUCH

Stephen Janetzko:
CD „Und wieder brennt die Kerze" -
Viele schöne Lieder für die ganze Adventszeit

Advent, Winter & Weihnachten in Kindergarten, Schule & Zuhause.
Lieder von & mit Stephen Janetzko.

Über die CD: 25 Lieder für die ganze Adventszeit. Eine kunterbunt-fröhliche Winter-Weihnachtssammlung mit neuen Liedern zum Mitsingen, Spaß haben & Mitmachen zur schönsten Zeit des Jahres: Lieder vom kalten und doch so gemütlichen Winter, von Schnee und Schneemann, vom Nikolaus und der Weihnachtsbäckerei, von Kerzen, Adventskranz und natürlich vom Krippenkind und der Weihnachtsnacht.

Weit über eine Stunde Musik - ideal für Kindergarten, Schule & Zuhause!
Texte von Rolf Krenzer, Werner Schaube & Stephen Janetzko.

Alterszielgruppe ca. ab 2-99 Jahre / Spieldauer ca. 1 ¼ Stunden
Bestellnummer 91033-251 - EAN: 4032289004659
INFO & SHOP: **www.kinderliederhits.de**
© SEEBÄR-Musik (Labelcode LC 05037)

Mehr Lieder im Advent zur Winter- und Weihnachtszeit:

Stephen Janetzko:
CD Das Licht einer Kerze - Die 25 schönsten Weihnachtslieder
Eine festlich bunte Liedersammlung für die ganze Adventszeit.

Über die CD:
Eine festlich bunte Liedersammlung **von den Engeln in der Weihnachtszeit, von Nikolaus und Weihnachtsbäckerei, von Schnee und Heiligabend bis ins neue Jahr**. Neue und alte Winter- und Weihnachtslieder von und mit Stephen Janetzko, *zauberhaft unterstützt vom Kinderchor Canzonetta Berlin*

Alle Liedtitel der CD: 1. Das Licht einer Kerze - 2. Der Kleine-Engel-Tanz - 3. Leise rieselt der Schnee - 4. Endlich ist Winter (Pure Lust am Winter) - 5. Schneeflöckchen, Weißröckchen – 6. Ich habe viele Wünsche (Wunsch fürs Christkind) - 7. Alle wollen backen (Lied von der Weihnachtsbäckerei) - 8. Heute kommt der Nikolaus (Ein Nikolausspiellied) - 9. Ich zünde eine Kerze an - 10. Der Winter kommt - 11. Ein Engel für dich - 12. Die Weihnachtsgans Auguste - 13. Weiße Flocken überall - 14. Vier Engel in der Weihnachtszeit - 15. Seht, wie die Kerzen leuchten - 16. Der Winter ist da - 17. Mein kalter Freund, der Winter - 18. Wenn mit unsern Kerzen gehen (Lied zum Advent) - 19. Alle Jahre wieder - 20. Alle Menschen nah und fern – 21. Stille Nacht - 22. Wenn die Flocken sacht vom Himmel falln - 23. Das kleine Mädchen mit den Schwefelhölzern - 24. Ich schenk dir einen Stern - 25. Wir wünschen ein gutes neues Jahr! (Lied zu Neujahr)

Alterszielgruppe ca. 3-99 Jahre/ Spieldauer **ca. 68:39 min.**
Best.-Nr. 91033-287, ISBN 978-3-95722-066-0

INFO & SHOP: **www.kinderliederhits.de**
© SEEBÄR-Musik (Labelcode LC 05037)

Mehr Winter-Lieder von Stephen Janetzko:

CD Es schneit, es schneit, es schneit!

Garantiert kerzen- und weihnachtsfrei! 14 Schnee-Lieder für Winter bis Fasching!

Best.-Nr. 91033-261, ISBN 978-3-95722-054-7

CD Winterzeit im Kindergarten

Wunderschöne neue Winter-, Advents- und Weihnachtslieder

Best.-Nr. 91033-227, ISBN 978-3-932455-90-2

CD Der Winter ist da

20 Winter-, Advents- und Weihnachtslieder,

Best.-Nr. 91033-29, ISBN 978-3-932455-92-6

Raum für eigene Notizen:

www.kinderliederhits.de

Made in the USA
San Bernardino, CA
05 December 2017